ANSELM GRÜN

Die spirituelle Hausapotheke

Für alle Fälle

ANSELM GRÜN

Die spirituelle Hausapotheke

Für alle Fälle

Vier-Türme-Verlag
verlag katholisches bibelwerk

Inhalt

Einleitung 7

„Der Mensch ist, was er isst“
Völlerei 13

„Wenn man Liebe nicht bedingungslos geben und nehmen kann, ist es keine Liebe, sondern ein Handel.“
Unzucht 31

„Nicht wer wenig hat, sondern wer viel wünscht, ist arm.“
Geldgier 49

„Wer ohne Grund traurig ist, hat Grund, traurig zu sein.“
Traurigkeit 67

„Wenn wir zürnen, hat unser Gegner seinen Zweck erreicht: Wir sind in seiner Gewalt.“
Zorn 85

„Es ist Trägheit, was uns an peinliche Zustände kettet.“
Unlust 103

„Jeder Mensch besitzt gerade so viel Eitelkeit, wie ihm an Verstand und Urteilskraft fehlt.“
Ruhmsucht 121

„Aller Stolz ist defensiv, ein Verteidiger der Stelle, die leer ist.“
Stolz 139

Einleitung

Die frühen Mönche haben ihre Gedanken sehr genau beobachtet. Dabei haben sie entdeckt, wie oft wir trotz aller Spiritualität und aller geistlichen Erfahrungen doch noch sehr unfromme Gedanken in uns beherbergen. Da sind die drei Grundtriebe, die sich zu Wort melden: das Verlangen zu essen, sexuelle Phantasien und das ständige Denken an das Geld. Da sind die drei Emotionen: Traurigkeit, Zorn und Trägheit (Akedia) und die beiden geistigen Laster: Ruhmsucht und Stolz. Wenn wir uns selbst genauer beobachten, werden wir entdecken, dass ähnliche Gedanken auch in uns ständig auftauchen.

Die Mönche setzen sich nun nicht unter Druck, dass sie nur fromme Gedanken haben dürfen. Sie nehmen einfach mit einem gewissen Humor wahr, dass wir bei allem geistlichen Bemühen eben von diesen Gedanken heimgesucht werden. Sie nehmen dann ein Schriftwort, das sie in diese Gedanken hineinsprechen. Manchmal ist das Schriftwort durchaus mit Humor ausgesucht. Da wird nicht viel begründet, sondern einfach ein Wort dagegengesetzt, das unsere Worte entlarvt und verwandelt. Und das Wort aus der Schrift bringt uns in Berührung mit dem anderen Pol, der auch schon in unserer Seele ist. Jeder von uns hat immer beide Pole in sich: Angst und Vertrauen, Liebe und Aggression, Disziplin und Disziplinlosigkeit, Frommes und Unfrommes, Heiliges und Weltliches. Indem wir das Wort der Bibel in unsere negativen Gedanken hineinhalten, bringt es uns in Berührung mit dem Vertrauen, mit der Liebe, mit der Kraft, mit dem Heiligen, das schon in uns ist, auch wenn gerade das Unheilige sich so stark zu Wort meldet.

Die antirrhetische Methode, die Evagrius Ponticus (345-399), der Psychologe unter den frühen Mönchen, in seinem Buch „Antirrhetikon" dargestellt hat, ist daher zu unterscheiden von der Macht des positiven Denkens, wie es in Amerika geübt wird. Die Macht des positiven Denkens will mit Gewalt alle negativen Gedanken aus uns herauswerfen und durch positive Gedanken ersetzen. Damit aber entsteht ein Zwang, immer alles positiv sehen zu müssen. Das entspricht jedoch nicht der Wirklichkeit. Und viele Menschen sind mit ihrem positiven Denken gescheitert. Der negative Pol – oft ist es die Depression – meldet sich dann sehr laut zu Wort.

Die Mönche sind da realistischer und menschlicher. Sie rechnen einfach mit den negativen Gedanken. Die dürfen auch sein. Aber dann wird in den negativen Gedanken ein Wort aus der Bibel hineingesprochen, das gegen die krankmachende Wirkung der Gedanken die heilende Kraft des Wortes Gottes setzt. Evagrius meint, wir würden die Seele gleichsam in zwei Teile teilen, so wie es im Psalmvers heißt: „Was bist du betrübt meine Seele? Harre auf Gott, ich werde ihm noch danken." Wir wenden uns der betrübten Seite unserer Seele zu und söhnen uns mit ihr aus. Aber wir wissen auch um die vertrauensvolle und starke Seite in uns. Und mit dieser Seite bringt uns das Wort der Bibel in Berührung.

Evagrius beruft sich dabei auf Jesus Christus selbst, dem in der Versuchung der Satan Worte zugesprochen hat, die ihn verleiten wollten, seine Macht und seine Größe vor den Menschen zu zeigen. Und gegen die negativen Worte des Satans – der sogar Bibelworte in seinem Sinn verfälscht – setzt Jesus Worte aus der Schrift, die die Worte des Satans entmachten. Aber auch Jesus weiß um die Versuchung. Und diese Versuchung wird immer wieder über uns kommen. Wir sollen damit rechnen und uns nicht überheben und meinen, wir seien in der Spiritualität oder in unserer Fähigkeit, positiv zu denken, so weit gekommen, dass all die negativen Denkmuster kein Problem mehr für uns seien.

Die Mönche sind realistisch, aber auch menschlich. Sie überfordern uns nicht. Sie rechnen damit, dass sich verrückte Gedanken in uns zu Wort melden, manchmal auch peinliche Gedanken, für die wir uns schämen: Es ist halt so. Und es braucht Demut und Humor, sich diesen negativen Gedanken zuzuwenden. Viel lieber würden wir uns nur über unsere psychologischen oder spirituellen Fortschritte und Erfahrungen unterhalten. Aber wir sind den negativen Gedanken nicht ausgeliefert. Gott hat uns in der Bibel ein Heilungsbuch geschenkt, mit Worten, die genau in unsere chaotischen Gedanken passen und sie langsam verwandeln, wenn wir sie immer wieder in sie hineinsprechen.

Die Gedanken, die Evagrius als krankmachend anführt, entsprechen nicht immer unserer Erfahrung und unserer Sprache. Sie müssen in unsere Welt hinein übersetzt werden. Dann werden wir merken, dass unsere Gedanken gar nicht so weit entfernt sind von den Gedanken, die Evagrius anführt. In diesem Buch versuchen wir, die Sprache des Evagrius in unsere heutige Sprache zu übersetzen, um so die Aktualität dieser alten Methode – der antirrhetischen Methode – aufzuzeigen.

So möge diese Hausapotheke auch für Sie ein guter Begleiter sein in Ihrem Umgang mit Ihren Gedanken und Gefühlen. Verurteilen Sie sich nicht wegen dieser Gedanken, bewerten Sie sie nicht, sondern setzen Sie einfach mit Gelassenheit, Humor und Vertrauen die Worte dagegen, die Evagrius Ihnen rät. Dann werden Sie erfahren, dass auch Ihr Denken sich verwandelt – und mit Ihrem Denken auch Ihr Fühlen und Ihre Selbstwahrnehmung. Viel Spaß beim Üben!

P. ANSELM GRÜN
Münsterschwarzach, im Herbst 2012

„Der Mensch ist,
was er isst.“

LUDWIG FEUERBACH

❋

VÖLLEREI

Der Schokoriegel am Nachmittag – für den kleinen Hunger zwischendurch

ANTIRRETHIKOS 1,7
Gegen den Gedanken der Völlerei, der mich drängt, zur neunten Stunde zu essen:

Gott soll mir das tun und das hinzufügen; denn bevor die Sonne untergeht, werde ich bestimmt nicht essen oder trinken.
2 SAMUEL 3,35

Oft überkommt uns tagsüber ein Hungergefühl. Und dann meinen wir, wir müssten es unbedingt gleich stillen, indem wir nach dem Schokoriegel greifen oder nach dem, was gerade in unserer Nähe ist. Oder mitten in der Arbeit, die gerade nicht weitergeht, überfällt uns die Lust auf Süßigkeiten. Wir denken: Etwas dürfen wir uns ja auch gönnen, wo wir doch so viel arbeiten. Aber wenn wir uns dann von Zeit zu Zeit auf die Waage stellen, ärgern wir uns über unsere vielen kleinen Zwischenmahlzeiten. Da könnte uns die klare Einrede helfen: Bevor die Sonne untergeht, werde ich nicht essen. Wir brauchen klare Zeiten für unser Essen. Sonst könnten wir immer etwas essen und unsere Unlust damit zustopfen.

Wenn der Vorratsschrank leer ist …

ANTIRRETHIKOS 1,8

Gegen den Gedanken, der mich besorgt sein lässt wegen des Mangels an Brot und Öl und an den von mir erstrebten Dingen:

Der Mehltopf wird nicht leer werden und der Ölkrug nicht versiegen, bis der Herr Regen auf die Erde sendet.

1 KÖNIGE 17,14

Eine Frau ärgert sich, weil sie immer zu viel einkauft. Sie hat Angst, es könnte einmal etwas im Kühlschrank fehlen. Für alle Fälle sollte etwas da sein. Doch dann erlebt sie, wie manches verdirbt und unbrauchbar wird. Jedes Mal nimmt sie sich vor, weniger einzukaufen. Aber es gelingt nicht. Vielleicht könnte da die Methode des Evagrius helfen, der uns an das Wort erinnert, das der Prophet Elija der Witwe von Sarepta gesagt hat. Sie hatte Angst, dass ihr bisschen Vorrat an Mehl und Öl nicht ausreicht. Es ist aber immer genug da, meinen Hunger zu stillen. Ich muss nicht den Kühlschrank von oben bis unten zustopfen.

Beim Griff nach der Chipstüte

ANTIRRETHIKOS 1,14
Gegen die Gedanken, die mir raten und sprechen: Lebe nicht so hart und reibe deinen schwächlichen Körper nicht durch dauerndes Fasten und Abmühen auf.

Mühe dich in Ewigkeit, und du wirst leben in Ewigkeit und das Verderben nicht schauen, während du Weise sterben siehst.
PSALM 49,10

Wir haben immer genügend Gründe, nach der Chipstüte zu greifen. Wir wollen doch nicht so hart und grausam zu uns sein. Wir wollen uns etwas gönnen. Schließlich ist das Leben hart genug. All diese Gründe klingen gut und haben einen guten Grund. Doch leider führen sie dazu, dass wir meinen, jedes Bedürfnis sofort erfüllen zu müssen. Und irgendwann ärgert es uns dann, dass wir unserem Idealgewicht ewig nachlaufen. Es sind paradoxe Worte, die uns Evagrius rät, in so eine Situation hineinzusprechen. Worte, die aber Kraft in uns hervorrufen: die Kraft, uns um einen guten Umgang mit Speise und Trank zu mühen.

Vor der randvollen Tiefkühltruhe

ANTIRRETHIKOS 1,16

Gegen den Gedanken, der um Speise und Trank Sorge trägt und sich eifrig damit beschäftigt, woher er sich diese beschaffen könnte:

Wirf deine Sorge auf den Herrn, und er wird dich ernähren.

PSALM 55,23

Eine Frau war so mit ihrer Arbeit beschäftigt, dass sie vergessen hatte, für sich einzukaufen. Am Wochenende war sie ohne Mineralwasser und ohne Brot. Sie schwor sich, dass ihr das nie mehr passieren würde. Doch nun kreist sie nur noch darum, dass sie nur ja genügend Vorrat hat. Evagrius gibt da keine klugen Ratschläge, wie sie mit dieser übertriebenen Sorge umgehen soll. Er mutet ihr zu, einfach in ihre Sorge hineinzusprechen: „Wirf deine Sorge auf den Herrn, und er wird dich ernähren." Der Psalmvers löst nicht mein Problem. Aber Evagrius vertraut darauf, dass das Bibelwort etwas in meiner Seele bewirkt. Man könnte sich vorstellen, dass Evagrius mit einem Augenzwinkern gerade dieses Wort mir gibt. Ich soll nicht krampfhaft damit umgehen, um mein Problem zu lösen. Mit Humor dieses Wort in meine Ängstlichkeit hineinzusprechen, verwandelt mich.

„Was? Heute gibt's nur Brote?
Davon werde ich nie satt!"

ANTIRRETHIKOS 1,24

Gegen den Gedanken, der über ärmliches Essen und über trockenes Brot weint:

Besser ein trockener Biss in Frieden als ein Haus voller Fleisch in Unfrieden.

SPRÜCHE 17,1

Wir haben unsere Ansprüche an gutes Essen. Wenn es nur Brot gibt, ist es für viele zu wenig. Doch wenn ich das Butterbrot bewusst esse, werde ich den guten Geschmack des Brotes erleben. Ich kann das einfache Brot genießen, wenn ich es bewusst kaue. Doch Evagrius rät uns nicht dazu, das einfache Essen bewusst zu kauen und zu genießen. Er zitiert das Sprichwort: „Besser ein trockener Biss in Frieden als ein Haus voller Fleisch in Unfrieden." Er zielt auf die innere Haltung, mit der wir essen. Und wenn wir voller Unfrieden sind, schmeckt uns das beste Essen nicht. Ein Mann erzählte mir von der Weihnachtsfeier seiner Abteilung in einer großen Firma. Der Abteilungsleiter lädt seine Mitarbeiter in ein teures Lokal ein. Aber er redet ständig nur von sich. So will da keiner mehr zur Feier hingehen. Das beste Essen nützt nichts, wenn die Stimmung nicht stimmt.

„Also, mir macht diese Null-Diät überhaupt nichts aus. Ich habe schon ganz vergessen, wie sich Hunger anfühlt …“

ANTIRRETHIKOS 1,37

Gegen den nichtigen Gedanken, der uns beredet, unsere Lebensordnung über das Notwendige hinaus zu verschärfen, sodass wir Säcke um unsere Hüften binden, in die Wüste hinausgehen, ununterbrochen unter dem freien Himmel leben und dabei die Wurzeln der Wüste verzehren, und der uns wieder rät, den Anblick der Menschen zu fliehen, die uns ermahnen und von uns ermahnt werden:

Werde nicht zu gerecht und grüble nicht unnötig, damit du einmal nicht in Schrecken gerätst.

KOHELET 7,16

Magersüchtige haben einmal damit angefangen, möglichst wenig zu essen. Sie sind stolz, dass sie das Essen unter Kontrolle haben. Doch dann verlieren sie die Kontrolle über sich selbst. Sie werden unfähig zu genießen und damit ungenießbar. Und sie werden krank. Wer zu stolz auf seine Askese wird, der verlernt das Leben. Und vor lauter Askese und Gerechtigkeit und heldenhafter Verzichte gerät er in Schrecken, weil ihm der Geschmack des Lebens abhanden kommt.

Beim „Bettlerslalom" in der S-Bahn-Unterführung

ANTIRRETHIKOS 1,49

Gegen den Gedanken, der uns hindert, den Armen von unserer Nahrung und Kleidung mitzuteilen, da der Vorrat an ihnen für uns und für sie nicht ausreiche und da es sicherlich noch einen anderen gebe, der schwächer und bedürftiger sei als dieser, und es sich gehöre, dass wir ihm und nicht diesem geben; denn dieser sei saumselig und trachte danach, ohne Mühsal zu essen und sich zu kleiden:

Wer zwei Gewänder besitzt, gebe dem davon, der keines hat, und wer Nahrungsmittel hat, handle ebenso.

LUKAS 3,11

Es kann ja sein, dass der Bettler dort in der S-Bahn-Unterführung einer organisierten Bettler-Gesellschaft angehört. Es kann sein, dass der Bittsteller uns nur ausnützen möchte. Evagrius lässt solche Überlegungen nicht gelten. Er erinnert uns einfach an das Wort Jesu, das, was wir haben, zu teilen. Ob der, mit dem wir es teilen, es immer verdient hat und ob er gut damit umgeht, das interessiert Evagrius nicht.

Viermal in der Woche essen gehen?

ANTIRRETHIKOS 1,63

Gegen den Gedanken, der uns von der Handarbeit abhält und uns beredet, darauf zu warten, das Notwendige von anderen zu bekommen:

Wir ermahnen euch aber, Brüder, noch vollkommener zu sein und eure Ehre dareinzusetzen, ruhig zu leben, eure Pflichten zu verrichten und mit euren Händen zu arbeiten.

1 THESSALONICHER 4,10f.

Im frühen Mönchtum gab es die Super-Asketen. Sie meinten, sie brauchten nicht zu arbeiten, sondern nur zu beten; Gott würde sie dann schon ernähren. Evagrius erinnert sie an das Wort des Apostels Paulus, der die frühen Christen zur Arbeit auffordert. Auch damals gab es begeisterte Fromme, die das Arbeiten vergaßen. Aber auch heute begegne ich solchen Menschen, die die Arbeit missachten. Für sie zählt nur die Frömmigkeit. Doch sie merken gar nicht, wie narzisstisch sie in ihrer Frömmigkeit sind. Sie kreisen nur um sich selbst und weigern sich, sich auf die Arbeit einzulassen. Sie meinen, die Arbeit würde sie nur von Gott trennen und es sei eine Gefahr, zu viel Geld zu verdienen durch die Arbeit. Also lassen sie die Arbeit ganz sein. Aber Geld brauchen sie trotzdem. Das sollen die ihnen geben, die davon zu viel haben. Es ist immer schön, sich die Hände in Unschuld zu waschen. Doch die Leute merken gar nicht, wie sie dann das Geld von denen verlangen, die sich mit ihrer Arbeit die Hände schmutzig machen.

„Wenn man Liebe nicht
bedingungslos geben
und nehmen kann,
ist es keine Liebe,
sondern ein Handel.“

EMMA GOLDMANN

*

UNZUCHT

Wenn man nur mehr an das Eine denken kann …

ANTIRRHETIKOS 2,8
Für die Seele, die Tag und Nacht von Gedanken der Unzucht zermürbt wird und die Hoffnung auf den Sieg über sie aufgibt.

Sage nicht in deinem Herzen: Unheilbringend ist dieses Volk, und wie werde ich es ausrotten können? Fürchte dich nicht. Erinnere dich in deinem Gedächtnis an alles, was der Herr dein Gott dem Pharao und allen Ägyptern angetan hat.
DEUTERONOMIUM 7,17f.

Für die Mönche, die ehelos lebten, war die Unzucht ein großes Problem. In ihren Wüstenwohnungen phantasierten sie oft von sexuellen Handlungen. Die Mönche sind in die Wüste gegangen, um den Versuchungen zur Unzucht zu entgehen. Aber sie haben erfahren, dass sie die Sexualität nicht aus sich herausreißen können. Manche sind dann mutlos geworden in ihrem Ringen um die Integration der Sexualität. Sie haben den Kampf aufgegeben und sind in die Stadt gezogen, um ihre Sexualität auszuleben. Diesen Mutlosen hält Evagrius die Erinnerung vor Augen, dass Gott die Ägypter im Meer ertränkt hat. Gott vermag auch die Sexualität in den Mönchen zu verwandeln.

Wenn Gummibärchen trösten …

ANTIRRHETIKOS 2,10

Gegen Gedanken, die sich schnell Speisen zuwenden, wenn der Geist der Unzucht, der ihnen übel mitspielt, ein wenig ablässt, und die deshalb glauben, dass sie das Ziel, nämlich die Selbstbeherrschung, erreicht hätten:

Handelt nicht, wie ihr, jeder Einzelne, hier das, was vor ihm wohlgefällig war, getan hat; denn ihr seid bis jetzt noch nicht zur Ruhe gekommen und in den Erbbesitz, den euch der Herr, euer Gott, gibt.

DEUTERONOMIUM 12,8f.

Häufig ersetzen wir eine Sucht durch die andere. Wer meint, er hätte die Sucht nach sexuellem Ausleben überwunden, der belohnt sich damit, dass er sich genügend zu essen gönnt. Eine Frau sagte über einen Mönch, der ziemlich beleibt war: „Die haben ja sonst nichts." Sie meinte, es sei besser, er würde genügend essen, damit er seine sexuelle Enthaltsamkeit aushalten könne. Doch das ist ein Irrtum. Die Mönche warnen davor: Übertriebenes Essen stachelt auch die Sexualität an. Der Mönch soll immer daran denken, dass er noch nicht zur Ruhe gekommen ist, sondern noch auf dem Weg zur Ruhe in Gott. Und solange er auf dem Weg ist, wird er angefochten. Das gehört nicht nur zum Leben des Mönches, sondern jedes Menschen.

Wenn man auf dem besten Weg zu dummen Gedanken ist …

ANTIRRHETIKOS 2,22

Zur Seele, die nicht erkennt, dass die Kraft des Zorns dem Gedanken der Unzucht widerstreitet, weil der Zorn aus Feuer entstanden ist, die unreinen Gedanken aber aus Wasser entstehen:

Zürnet, aber sündigt nicht, sprecht in euren Herzen und sinnt nach auf euren Lagern.

PSALM 4,5

Für die Mönche sind die Leidenschaften nichts Schlechtes. In ihnen stecken Kräfte, die uns antreiben, kraftvoll zu leben, leidenschaftlich Gott und die Menschen zu lieben. So nutzen die Mönche die Kraft der Leidenschaft des Zorns, um die Unzucht zu überwinden. Für manche Mönche war es ärgerlich, dass sie trotz aller Spiritualität ständig mit ihrer Sexualität konfrontiert wurden. So richteten sie ihren Zorn gegen sexuelle Versuchungen. Sie kämpften mit der Leidenschaft, die der Leidenschaft der Sexualität entgegengesetzt ist. Dabei haben sie eine interessante Erklärung: Der Zorn entsteht aus dem Feuer und die sexuellen Phantasien aus dem Wasser. Und Feuer kann Wasser austrocknen.

„Ich kann diesem Mann einfach nicht widerstehen – auch wenn er verheiratet ist!“

ANTIRRHETIKOS 2,23
Gegen unreine Gedanken, die in uns lange verbleiben und verabscheuungswürdige Bilder in großer Zahl in uns erscheinen lassen und den Geist durch die heftig erregten Begierden der unanständigen Glieder fesseln:

Weicht zurück von mir, alle, die ihr Unrechtes tut; denn der Herr hat die Stimme meines Weinens gehört. Gehört hat der Herr meine Bitte, der Herr hat mein Gebet angenommen.
PSALM 6,9f.

Die Gedanken der Unzucht werden als übermächtiger Gegner erfahren, dem der Mensch oft hilflos ausgeliefert ist. Das Wort, das man dieser Versuchung entgegensetzen soll, analysiert nicht die Ursache der Gedanken, sondern überwindet sie durch den Glauben an Gottes Beistand. Durch Gottes Gegenwärtigkeit hat der Mönch Kraft, dem Trieb nicht einfach nachzugeben, sondern die Herrschaft des Triebes zu durchbrechen. Der Trieb wird nicht ausgelöscht. Indem der Kampf mit ihm aufgenommen wird, wird seine positive Kraft integriert. Der Kampf spielt sich als ein Ringen um die stärkere Motivation ab. Indem der Mönch sich an den gegenwärtigen Gott klammert, entscheidet er sich für Gott als die eigentliche Motivation seines Handelns, und damit handelt er realitätsgerechter, als wenn er sich vom Trieb beherrschen ließe.

„Ich brauche gar nicht dagegen anzukämpfen, ich schaffe es sowieso nicht, zu widerstehen."

ANTIRRHETIKOS 2,33
Gegen den Gedanken, der mir prophezeit, ich würde die Selbstbeherrschung verlieren und vor den Menschen beschämt werden:

In Scham zurückweichen sollen alle, die Sion hassen, und sie sollen werden wie das Gras auf den Dächern, das eingeht, wenn der Wind es anweht; es hat keinen Bestand, seinen Platz kennt man nicht mehr.
PSALM 129,5f.

Eine Frau hat sich in einen Mann verliebt, obwohl sie selbst verheiratet ist. Sie hat das Gefühl, die Liebe sei so stark, dass sie ihr nicht widerstehen könne. Sie meint, es sei gegen ihre Natur, dieser Liebe zu widerstehen. Schließlich habe Gott ihr diese Liebe geschenkt. Hier weckt Evagrius mit dem Bibelvers die aggressive Seite der Frau. Sie ist ihren Gefühlen des Verliebtseins und der sexuellen Anziehungskraft des Mannes nicht einfach ausgeliefert. Sie kann dagegen kämpfen. Sie schaut ihre sexuellen Phantasien an, gesteht sich ein, dass sie stark sind, aber sie hält ihnen ein kraftvolles: „Zurück!" entgegen. Sie will in Sion wohnen bleiben. Sie will dort, wo sie sich in ihrer Ehe daheim fühlt, auch bleiben. Und alle Kräfte, die sie herausziehen wollen, schickt sie weg. Dann breiten sie sich nicht mehr in ihr aus, sondern werden wie Gras, das verdorrt.

„Ist doch nichts dabei, wir sind nur Freunde – und sie hat es ja schon schwer mit ihrem Mann …“

ANTIRRHETIKOS 2,35
Gegen Gedanken, die uns zwingen, im Gespräch mit einer verheirateten Frau zu verweilen, da sie uns ja häufiger besuche oder einen geistlichen Nutzen von uns erfahre:

Sprich nicht viel mit einer fremden Frau.
SPRÜCHE 5,20

Wenn wir uns als verheiratete Männer auf eine verheiratete Frau einlassen, haben wir oft ähnliche Gründe wie dieser Mönch, der meint, er würde die Frau ja auf ihrem Weg stärken und ihr spirituellen Beistand leisten. So manch ein Mann denkt: Die Frau lebt in einer unglücklichen Ehe. Ich tröste sie ja nur. Ich gebe ihr das Gefühl, dass sie liebenswert und attraktiv ist. Was soll da Schlechtes daran sein? Evagrius lässt sich auf solche inneren Rechtfertigungen nicht ein. Er stellt so einem Mann einfach das Wort aus dem Buch der Sprüche entgegen, dass er nicht viel mit einer fremden Frau sprechen solle. Er soll sich nichts vormachen: Hinter seiner Hilfsbereitschaft stecken seine eigenen unbewussten Bedürfnisse nach Nähe und Zärtlichkeit.

„In der Bibel steht so viel von Sündern und Vergebung, da bin ich doch in guter Gesellschaft und brauche kein schlechtes Gewissen zu haben!“

ANTIRRHETIKOS 2,50
Zum Herrn wegen der Dämonen der Unzucht, die für ihre Ziele die Worte der Schrift verwenden:

Starker Herr, der du Gerechtigkeit prüfst und Nieren und Herzen kennst, möchte ich doch deine Rache an ihnen sehen; denn dir habe ich meine Anklage geoffenbart.
JEREMIA 20,12

Wir kennen in uns genügend biblische Zitate, die unser Verhalten gegenüber Männern und Frauen in puncto Sexualität rechtfertigen. Wir üben ja nur Nächstenliebe. Wir geben dem, den wir lieben, etwas ganz Wertvolles. Und im Blick auf Gottes Barmherzigkeit sollen wir nicht zu streng mit uns sein. Evagrius hält unseren Rechtfertigungsversuchen das Wort aus dem Propheten Jeremia entgegen: Gott prüft uns auf Herz und Nieren. Statt uns zu rechtfertigen, sollen wir uns mit allem, was wir sind, Gott hinhalten und uns von Gott prüfen lassen. Nicht wir sollen uns rechtfertigen, sondern Gott soll uns gerecht machen, ausrichten auf das, was unserem Wesen und dem Wesen des anderen entspricht.

„Immer passiert das nur mir!"

ANTIRRHETIKOS 2,64

Gegen den Gedanken der Seele, die vor Bedrängnis und Trauer gefallen ist und glaubt, sie würde als Einzige so schwer versucht:

Seid nüchtern und wachsam; euer Gegner, der Teufel, geht umher wie ein brüllender Löwe und sucht, wen er verschlingen könnte; widersteht ihm standhaft im Glauben im Bewusstsein, dass von euren Brüdern in der ganzen Welt die gleichen Leiden erduldet werden.

1 PETRUS 5,8

Wir brauchen immer eine Begründung für unser Fehlverhalten. Eine Begründung ist, dass wir einfach so schwer versucht werden, dass das etwas Einmaliges ist. Wir haben halt eine so starke Sexualität. Da kann man nichts machen. Das hängt einfach mit unserer Lebensgeschichte zusammen. Wir sind als Kind nie satt geworden. Evagrius hält sich nicht mit solchen Überlegungen auf. Er fordert uns auf, nüchtern und wachsam zu sein. Denn in all diesen Überlegungen geht der Teufel umher, um uns zu vereinnahmen.

„Nicht wer wenig hat,
sondern wer viel
wünscht, ist arm."

SENECA

❋

GELDGIER

„Der soll sich nicht so anstellen, er kann auch mal was für mich tun …“

ANTIRRHETIKOS 3,8
Gegen den Gedanken, der von seinem Bruder über dessen Kraft hinaus Handarbeit abverlangt:

Keiner soll seinen Bruder überanstrengen in dessen Mühsalen.
LEVITIKUS 25,46

In den Firmen werden oft übertriebene Erwartungen an die Mitarbeiter gestellt. Sie sollen jedes Jahr die Leistung erhöhen. Die Kennziffern werden ständig nach oben korrigiert. Man gibt als Grund an, dass man sonst nicht konkurrieren könnte. Doch häufig nutzt man die Mitarbeiter aus, um seinen eigenen Verdienst zu steigern. Gegen solche Tendenzen zitiert Evagrius die Mahnung aus dem Buch Levitikus, dass wir unsere Brüder und Schwestern nicht überanstrengen sollen. Dieses Wort, in unsere Gier nach immer größerem Gewinn hineingesprochen, hindert uns daran, auf Kosten der anderen zu leben.

„Bin ich denn eine Bank???“

ANTIRRHETIKOS 3,9
Gegen den Gedanken, der es nicht zulässt, dem bedürftigen Bruder etwas zu geben und dem etwas zu borgen, der es von uns begehrt:

Du sollst deine Hand nicht verschließen vor dem Bedürftigen, sondern sollst ihm deine Hand öffnen und ihm borgen, so viel er nötig hat.
DEUTERONOMIUM 15,7f.

Hier ist das Bibelwort, das dem Dämon entgegengehalten wird, ein Befehl, der genau das Gegenteil von dem verlangt, wozu uns der Dämon überreden will. Die Gedanken, die uns der Dämon eingibt, erscheinen vernünftig – es gibt ja immer Gründe, dem anderen nichts zu geben: Er könnte uns betrügen, wir könnten selbst in Not geraten. Gegen diese Gedanken wird auf gleicher Ebene die gegenteilige Forderung gesetzt: Gib ihm, so viel er will. Und diese Forderung wird als Befehl Gottes verstanden, der stärker wiegt als die Gründe, die der Dämon uns eingibt. Indem man sich das Wort Gottes immer wieder vorsagt, richtet sich auch allmählich das Handeln danach.

Wenn es nichts zu erben gab …

ANTIRRHETIKOS 3,17

Gegen Gedanken, die uns zum Vorwurf machen, unsere Väter hätten uns im Stich gelassen und würden uns kein Gold zur Behebung unserer Bedürftigkeit schicken:

Mein Vater und meine Mutter haben mich im Stich gelassen, der Herr aber hat sich meiner angenommen.

PSALM 27,10

Manch einer wirft seinen Eltern vor, dass er in Armut aufgewachsen ist, dass er sich die Markenkleidung nicht gönnen konnte, die die Mitschüler trugen, und dass er sich das iPhone nicht kaufen durfte, mit dem alle anderen schon angaben. Im Alter haben solche Menschen das Gefühl, dass sie sich alles selbst erarbeiten mussten, dass sie von ihren Eltern kein Erbe erwarten konnten. Sie vergleichen sich mit anderen und fühlen sich als zu kurz gekommen. Evagrius verteidigt hier nicht die Eltern, die halt einfach nicht mehr geben konnten, als sie hatten. Vielmehr bestätigt er: Ja, die Eltern haben mich im Stich gelassen. Aber der Herr hat sich meiner angenommen. Die Armut wird weder zum Vorwurf noch zur Rechtfertigung der Eltern, sondern zu einem Sprung ins Vertrauen, dass Gott sich unser annimmt. Die Armut verweist uns auf Gott und wird so zu einer spirituellen Herausforderung.

Wenn beim Nachbarn schon wieder ein neues Auto vor der Tür steht …

ANTIRRHETIKOS 3,18

Gegen Gedanken, die uns in Verwirrung bringen, dass nämlich unsere Brüder in der Welt reich und wegen ihres Reichtums bei allen angesehen seien:

Im Herrn wird meine Seele Beifall finden.

PSALM 34,3

Ob wir wollen oder nicht, wir vergleichen uns immer mit den anderen. Und wenn der Nachbar ein größeres Auto hat, werden wir neidisch. Wir haben den Eindruck, er gelte mehr bei den Leuten, als wir mit unserem kleinen Auto. Die anderen schauen auf ihn. Auf uns schauen sie nur herab. Auch gegen diesen Gedanken kämpft Evagrius nicht direkt. Er lässt den Gedanken gelten. Es kann wirklich sein, dass die Reichen angesehener sind in der Welt als wir. Aber auf Ansehen bei den Menschen kommt es nicht an. Im Herrn wird meine Seele Beifall finden. Dieser Beifall, den Gott mir gibt, ist mir wichtiger als der Beifall der Leute. Das mag eine zu billige Lösung zu sein. Wenn ich anfange, mir diesen Satz einzureden, werde ich noch nicht gleich davon überzeugt sein. In mir ist trotzdem der Wunsch, auch bei den Menschen anerkannt zu sein. Aber allmählich kann so ein Wort, das immer wieder in alle inneren Überlegungen hineingesprochen wird, mein Denken verwandeln.

Wenn man jede Menge Geld verdient – und keine Zeit mehr hat, es auszugeben

ANTIRRHETIKOS 3,21

Gegen Gedanken, die sich mit Hab und Gut beschäftigen, die mühevolle Betrübnis durch den Reichtum aber nicht betrachten:

Wenn der Besitz sich mehrt, wird sich euer Herz nicht an ihm freuen.

PSALM 61,11

Wir sehen den Reichtum des Nachbarn und werden neidisch. Aber oft bedenken wir nicht, was dieser Reichtum bedeutet. Der andere verdient viel. Aber er muss auch hart arbeiten. Er kennt keinen Samstag und keinen Sonntag. Sein Leben hat keine Lebensqualität. Nur Arbeit, um noch mehr zu verdienen. Aber er kann nicht aussteigen aus diesem Hamsterrad. In vielen Ländern müssen die Reichen ihre Villen mit einem hohen Stacheldrahtzaun umgeben. Ihr Reichtum isoliert sie von den Menschen. Wenn wir all diese Überlegungen übergehen und nur bei unserem Neid auf den Reichtum des anderen stehen bleiben, dann greift Evagrius zu dem paradoxen Satz, dass unser Herz sich gar nicht freuen wird, wenn der Reichtum sich mehrt. Wir meinen, mit dem größeren Reichtum würden wir umso glücklicher. Doch der Psalmist sagt das Gegenteil. Und dieser Gegen-Satz wird langsam unsere Überlegungen aufweichen, relativieren und entmachten.

„Wer Arbeit sucht, der findet auch welche. Jeder ist seines Glückes Schmied."

ANTIRRHETIKOS 3,27

Gegen die Seele, die wegen der Leidenschaft der Geldgier kaum zum Mitleid bewegt werden kann:

Barmherzigkeit und Glauben sollen dich nicht verlassen, sondern knüpfe sie an deinen Hals und schreibe sie auf die Tafeln deines Herzens; und du wirst Erbarmen und Gnade finden vor Gott und den Menschen.

SPRÜCHE 3,3f.

Geldgier macht gefühllos. Sie schneidet uns vom Herzen ab und von der Barmherzigkeit. Da wir kein Herz mehr haben, das fühlen kann, haben wir auch kein Herz mehr für die Armen. Um unser Herz mundtot zu machen, entwickelt unser Verstand genügend Theorien über die Armut der anderen. Die sind selber schuld. Die arbeiten zu wenig. Wer arbeitet, verdient auch genügend Geld. Wenn er sich anstrengt, dann hat er auch genug. Sich eine Theorie über einen anderen zu machen, ist ein bequemer Weg, ihm auszuweichen. Die Theorie ist die Weigerung, mich auf den anderen einzulassen. Gegen solche Unbarmherzigkeit sollen wir die Barmherzigkeit um unseren Hals binden und sie auf die Tafel unseres Herzens schreiben. Sie soll unser innerstes Gebot werden und uns vor allen Theorien bewahren, die uns vom eigenen Herzen entfernen.

„Ich muss arbeiten – für so was hab ich keine Zeit!“

ANTIRRHETIKOS 3,29

Gegen den Gedanken der Geldgier, der uns aus Habsucht bei Nacht und bei Tag zu Handarbeit antreibt, uns vom Lesen der heiligen Schriften abhält und uns am Besuch der Kranken und am Dienst an ihnen hindert:

Besitztum wird nicht nützen am Tag des Zorns, Gerechtigkeit aber wird vom Tod erretten.

SPRÜCHE 11,4

Manch ein Vater rechtfertigt sich für sein ständiges Arbeiten damit, dass er den Unterhalt der Familie sichern muss. Wenn er genügend gearbeitet und verdient hat, dann wird er Zeit für die Familie haben. Doch diese Zeit kommt bei solchen Vätern nie. Sie treiben sich an, immer noch mehr zu arbeiten. Sie müssten die Chance nutzen, die sich jetzt für sie bietet. Später könnte die Chance vorbei sein. Diese Männer merken gar nicht, wie sie ihre innere Leere mit Arbeit zudecken. Sie finden keine Zeit für die Stille. Sie kommen weder im Gebet noch beim Spazierengehen mit sich in Berührung. Sie sind immer auf der Flucht vor sich selbst. Evagrius entlarvt den Besitz als nutzlos am Tag des Zorns. Damit ist wohl der Tag des Todes gemeint. Das letzte Hemd hat keine Taschen, sagt der Volksmund. Da kann ich nichts mitnehmen. Da zählt nur, ob ich gerecht war, ob ich richtig gelebt habe und mich nun ganz und gar von Gott ausrichten lasse auf seine unendliche Liebe hin.

„Das brauche ich für meine Altersvorsorge – wie soll ich sonst später meinen Lebensstandard halten?“

ANTIRRHETIKOS 3,36
Gegen den Gedanken, der uns vor Augen den Verlust an Geld und Besitz malt, die für Hiob große körperliche Erquickung bedeuteten:

Der Herr hat gegeben, der Herr hat genommen, gepriesen sei der Name des Herrn.
HIOB 1,21

In Asien bin ich der Erfolgstheologie begegnet, die manche von Amerika ausgehenden Pfingstkirchen vertreten. Die Erfolgstheologie beruft sich auf die Bibel. Wen Gott segnet, dem schenkt er Wohlstand. Je mehr Geld ich habe, desto mehr bin ich von Gott gesegnet und stehe in seinem Wohlwollen. Der Mönch, der Angst hat, seinen geringen Besitz zu verlieren, beruft sich auch auf die Bibel, und zwar auf Hiob. Der hatte ja auch großen Wohlstand. Daran konnte er sich freuen. Und Gott will doch, dass wir uns am Leben freuen. Doch weder der Mönch noch die Erfolgstheologie erkennen, dass sie Gott nur für sich selbst benutzen, dass letztlich das Geld zum Gott wird und Gott dem Geld zu dienen hat. Gegen solche Gedanken argumentiert Evagrius mit den Worten, die Hiob sprach, als ihm alles genommen wurde: „Der Herr hat gegeben, der Herr hat genommen, gepriesen sei der Name des Herrn." Gott kann nicht nur geben, sondern auch nehmen. Und auch dann sind wir in Gottes guter Hand. Auch dann gilt es, Gott zu preisen, auch für das Unverständliche, das an uns geschehen ist.

„Wer ohne Grund
traurig ist, hat Grund,
traurig zu sein."

FRANÇOISE SAGAN

❋

TRAURIGKEIT

**„Niemand kümmert sich um mich.
Keiner würde es merken, wenn ich tot wäre.“**

ANTIRRHETIKOS 4,10

Zur Seele, die mutlos ist, weil die Engel Gottes sie nicht behüten würden:

Und siehe, ich sende meinen Engel vor deinem Angesicht her, dass er dich auf deinem Wege behüte, dass er dich in das Land hineinführe, das ich dir bereitet habe.

EXODUS 23,20

Auf dem Grund der Traurigkeit – so sagen die Mönche – stecken oft übertriebene Erwartungen an das Leben, infantile Wünsche an die anderen. Oft ist es der Wunsch, dass alle mich mögen, mich lieben, mich bewundern, sich um mich kümmern. Weil dieser infantile Wunsch nicht erfüllt wird, verfalle ich in die gegenteiligen Überlegungen: Keiner mag mich, keiner kümmert sich um mich. Ich bin allen egal. Ich bin wertlos. Genauso gut könnte ich tot sein. Evagrius verweist einen solchen Menschen nicht an die Liebe seiner Eltern und Freunde, die er doch auch erfahren hat. Vielmehr öffnet er seinen Blick für den Engel, der ihn begleitet. Der Engel ist ein innerer Begleiter, der mich auf allen Umwegen und Irrwegen führt, der es mit mir aushält, auch wenn es die Menschen mit mir nicht aushalten und auch wenn ich mich selbst nicht ausstehen kann. Der Blick auf den Engel, der mich aushält, der immer bei mir bleibt, auch wenn ich mich selbst verlasse, verwandelt allmählich die Traurigkeit in Vertrauen.

Wenn die trüben Gedanken die Seele besetzt halten: Musik hat heilende Kraft!

ANTIRRHETIKOS 4,22

Zur Seele, die nicht bedenkt, dass ein mit Psalmen verbundenes Lied den Zustand des Körpers verändert und einen Dämon, der den Rücken berührt und die Sehnen erkalten lässt und alle Glieder erregt, verjagt:

Während ein böser Geist auf Saul lag, ergriff David die Zither und spielte auf ihr in seiner Hand, und Saul erholte sich, und es wurde ihm gut, und der böse Geist ließ von ihm ab.

1 SAMUEL 16,23

Wer traurig ist, versinkt oft in seiner Traurigkeit. Er hat den Eindruck, dass er nichts dagegen tun kann. Oft pathologisiert er seine Traurigkeit als Depression. Gegen die ist man sowieso machtlos. Das ist eine Krankheit, die man einfach nur tragen muss oder höchstens durch Medikamente lindern kann. Evagrius lässt solches Selbstmitleid, in dem wir uns selber aufgeben, nicht zu. Er verweist uns auf die heilende Kraft der Musik. Die gesungenen Psalmen – so meint Evagrius – verwandeln nicht nur die Seele, sondern auch den Körper. Evagrius schöpft hier aus der Musiktheorie des Pythagoras. Für Pythagoras bringt der Rhythmus der Musik den Menschen in Berührung mit dem inneren Rhythmus seiner Seele. Und die Harmonie der Musik bewirkt eine Harmonie der Seelenkräfte. Wir sind unserer Traurigkeit nicht hilflos ausgeliefert. Gott hat uns die Musik als Heilmittel geschenkt. Singen können wir immer. Wir müssen es nur ab und zu tun.

„Ich bin eben depressiv, da kann man nichts machen.“

ANTIRRHETIKOS 4,30

Gegen Gedanken, die uns raten, vor dem Angesicht der Schlechtigkeit der Dämonen zu fliehen und uns nicht mannhaft im Kampf ihnen entgegenzustellen:

Ich vertraue auf den Herrn. Wie wollt ihr zu meiner Seele sagen: Ziehe fort in die Berge wie ein Sperling!

PSALM 11,1

Manche Menschen kapitulieren vor ihrer Depression. Da kann man nichts machen, heißt es. Sie nehmen ihre Depression nicht als Herausforderung an, sondern ergeben sich in ihr Schicksal. Sie geben sich selber auf. Oder aber sie fliehen vor der Depression. Manche fliehen in die Geschäftigkeit. Das ist dann eine agitierte Depression. Die anderen fliehen in ihre Traurigkeit. Sie bleiben einfach darin hängen, ohne etwas dagegen zu tun. Der Psalmvers, den Evagrius uns in so einer Situation rät, will uns daran hindern, zu fliehen. Ein Sperling kann fliehen. Aber für einen Menschen, der auf Gott vertraut, steht die Flucht nicht als Möglichkeit zur Verfügung. Der Mensch hat zu kämpfen. Der Mönch ist einer, der sein Leben lang kämpft. Und auch die Depression verlangt nach einem Ringen mit ihr. Wir sind ihr nicht hilflos ausgeliefert. Wir können sie nicht immer ganz überwinden. Aber wir können ihre Wirkung eindämmen. Und wir können so kämpfen, dass wir damit leben können.

Wenn die Tagesschau nur noch von Umweltzerstörung, Katastrophen, Kriegen und Hunger berichtet

ANTIRRHETIKOS 4,37
Zum Herrn wegen des Dämons der Traurigkeit, der meinen Sinn ändert und in einer einzigen Sorge, die voller gewaltiger Bedrängnis ist, festhält:

Herr, wann wirst du nach mir sehen? Stelle mein Leben wieder her vor ihrer Schlechtigkeit, vor den Löwen mein einziges Gut!

PSALM 35,17

Wenn wir die täglichen Nachrichten anschauen und ständig von neuen Katastrophen hören, dann kann uns das depressiv machen. Wir haben den Eindruck, dass Gott dieser Welt fern ist. Alles geht schief. So viel Unheil geschieht überall. Wie sollen wir da noch hoffen auf eine heile Welt? Evagrius argumentiert nicht damit, dass wir auf das Gute in der Welt sehen sollen. Trotz allem Schlechten gibt es doch die Schönheit der Schöpfung, und es gibt gute Menschen, die sich für andere einsetzen. Doch Evagrius will nicht vertrösten, er bietet Worte an, die herausfordern, die unser Denken in Frage stellen. Er fordert uns auf, uns an Gott zu wenden, dass er nach uns sehen soll. Wenn Gott nach uns schaut, dann wird unser Leben heil werden mitten in einer unheilvollen Welt.

„Bei meinem Vorleben – kein Wunder, dass niemand mich lieben kann – am wenigsten ich selbst.“

ANTIRRHETIKOS 4,55

Gegen den boshaften Geist, der sich meiner Seele widersetzt, mir ihre früheren Sünden aufzeigt und es darauf anlegt, mich in Trauer über sie zu versenken:

Freu dich nicht über mich, meine Feindin, dass ich gefallen bin! Ich aber werde wieder aufstehen; denn wenn ich in der Finsternis sitze, wird der Herr mein Licht sein.

MICHA 7,8

Viele geraten in Traurigkeit, wenn sie ihr früheres Leben anschauen, wenn sie auf die Verletzungen sehen, die sie in ihrem Leben erfahren haben. So ging es dem Propheten Elija, als er auf dem Höhepunkt seines Erfolges auf einmal erkannte: „Ich bin ja auch nicht besser als meine Väter." Die Erkenntnis, dass wir fehlerhaft sind, dass wir einiges in unserem Leben falsch gemacht haben, stürzt uns in Traurigkeit. Wir können uns selbst nicht vergeben, dass wir so sind, wie wir sind, dass wir bisher so gelebt haben. Evagrius will uns nicht damit trösten, dass wir doch einiges auch gut gemacht haben. Solche tröstenden Worte würden in uns nur Widerreden hervorrufen: Ja, aber das ist auch nicht gut bei mir, und das habe ich auch falsch gemacht. Evagrius weiß um die Aussichtslosigkeit, das Gute mit dem Schlechten zu verrechnen. So wählt er ein Wort aus dem Propheten Micha, in dem wir zugeben, dass wir gefallen sind. Ja, nicht alles war gut in unserem Leben. Aber wir bleiben nicht dabei stehen, was schiefgelaufen ist. Wir stehen wieder auf. Und mitten in meiner Finsternis wird Gott mein Licht sein. Daher kann ich all das Dunkle zugeben. Entscheidend ist, dass mitten in meiner Finsternis das Licht Gottes aufstrahlt und alles Dunkel vertreibt.

Wenn man einen geliebten Menschen verliert und über lange Zeit untröstlich ist

ANTIRRHETIKOS 4,63

Zum Herrn wegen der Gedanken der Traurigkeit, die den Geist in einen Abgrund voll von Toten entführen und dem Herzen abscheuliche Anblicke einprägen; es ist dies aber ein Zeichen für eine Seele, die in Gefahren geraten ist:

Warum ist meine Traurigkeit stark und meine Wunde dauerhaft, ohne heilen zu wollen, und warum wurde mein Herz wie trügerisches Wasser, das keine Verlässlichkeit hat?

JEREMIA 15,18

Wenn ein lieber Mensch stirbt, dann stürzt mich das in eine tiefe Traurigkeit. Und in der Trauer habe ich das Gefühl, dass mir der Boden unter den Füßen weggezogen wird. Trauern heißt: matt werden, kraftlos werden, keinen Grund mehr unter den Füßen haben. In der Trauer spüre ich ein inneres Chaos. Ich weiß nicht, wo ich selbst stehe. Alles verschwimmt mir, aller Halt entzieht sich mir. Evagrius gibt da keinen klugen Rat, wie ich mit meiner Trauer umgehen soll. Er verweist nicht auf das Ziel meiner Trauer. Er lässt vielmehr die Trauer zu. Aber er rät uns, uns in unserer Traurigkeit an Gott zu wenden. Dabei verzichtet er darauf, Gott darum zu bitten, die Trauer zu verwandeln. Vielmehr lädt er uns ein, Gott zu fragen, warum unsere Trauer so stark ist, warum sie so aussichtslos erscheint. Allein indem ich Gott meine Frage stellen kann, ohne meine Traurigkeit zu bewerten, wird sich meine Trauer ein wenig wandeln. Ich habe zumindest jemanden, dem ich meine Trauer zeigen darf und der mich deshalb nicht verurteilt.

Wenn sich die Unglücksbotschaften häufen

ANTIRRHETIKOS 4,71

Gegen den Gedanken der Seele, die glaubt, sie würde über ihre Kraft hinaus versucht werden:

Nur menschliche Versuchung befällt euch. Er wird nicht zulassen, dass ihr über eure Kräfte hinaus versucht werdet, sondern er wird mit der Versuchung auch den Ausweg schaffen, sodass ihr aushalten könnt.

1 KORINTHER 10,13

Manchmal glauben wir, es stürze zu viel auf uns ein. Wir können nicht mehr tragen, was Gott uns da zumutet. Da stirbt ein Familienmitglied nach dem anderen. Wir haben kaum Zeit zu trauern. Oder persönliche Krisen werden von Konfliktsituationen am Arbeitsplatz verschärft. Alles auf einmal bricht zusammen. Wir finden keinen Halt mehr. Menschen, die so viel Leid auf einmal erfahren haben, fragen mich, ob es wirklich stimmt, dass Gott uns nie über unsere Kräfte versuchen würde oder dass Gott uns mit dem Leid immer auch die Kraft schenkt, es zu tragen. Evagrius verweist in solchen Situationen auf das Wort aus dem 1. Korintherbrief, in dem uns Paulus in dem Vertrauen stärken wird, dass Gott uns nicht über unsere Kraft hinaus versuchen wird. Doch manchmal haben wir den Eindruck, das gehe jetzt über unsere Kraft. Das Wort aus dem Korintherbrief kann uns nur die Hoffnung schenken, dass uns von Gott her wieder eine Kraft zuwächst, um all das zu tragen, was uns gerade zugemutet wird.

Wenn das Ziehen im Rücken und die verstopfte Nase den Tag zum Jammertal werden lassen

ANTIRRHETIKOS 4,76

Gegen Gedanken, die erwarten, dass die Seele von den Dämonen erschüttert wird und der Leib in unheilbare Krankheit fällt:

Und wer ist es, der euch Böses antun könnte, wenn ihr Eiferer nach dem Guten seid? Aber wenn ihr auch um der Gerechtigkeit willen leiden solltet, selig seid ihr. Habt keine Furcht vor ihren Drohungen und lasst euch nicht verwirren, haltet aber Christus den Herrn heilig in euren Herzen.

1 PETRUS 3,13ff.

Manchmal haben wir einfach keinen guten Tag. Da läuft die Nase und vom ständigen Schnäuzen wird die Nase ganz wund. Wir halten es im Leib einfach nicht aus, weil er nicht so funktioniert, wie wir es gerne hätten. Der Druck auf dem Herzen wird dann gleich zum Albtraum, wir könnten einen Herzinfarkt erleiden. Oder irgendwelche Beschwerden deuten wir als Anzeichen von Krebs. In so einer Situationen tröstet Evagrius nicht mit schönen Worten. Er mutet uns vielmehr ein Wort aus dem 1. Petrusbrief zu: Wir sollen nach dem Guten eifern und versuchen, gerecht zu werden. Dann kann uns nichts erschüttern. Und selbst wenn wir dann leiden, sollen wir keine Furcht haben. Wir können sogar selig – glücklich – sein, wenn wir Christus in unserem Herzen heilig halten. Mitten in der körperlichen Krankheit gibt es in uns einen heiligen Raum, der von der Krankheit nicht infiziert ist. Dort wohnt Christus. Und alle körperlichen Beschwerden wollen uns einladen, uns diesem heiligen Raum in uns zuzuwenden. Dort sind wir heil und ganz. Und wo Christus in uns wohnt, kann Angst und Traurigkeit uns nicht beherrschen.

„Wenn wir zürnen,
hat unser Gegner
seinen Zweck erreicht:
Wir sind in seiner
Gewalt."

ERNST FREIHERR
VON FEUCHTERSLEBEN

ZORN

„Ich habe ganz genau gesehen, wie er meine Freundin belästigt hat!“

ANTIRRHETIKOS 5,3
Gegen Gedanken des falschen Zeugnisses, das aus Zorn gegeben wird:

Du sollst kein falsches Zeugnis wider deinen Nächsten geben.
EXODUS 20,16

Wenn wir einem Menschen gegenüber zornig sind, dann wollen wir ihm schaden. Der Zorn denkt sich alle möglichen Wege aus, wie wir den anderen verletzen können. Wir malen uns aus, wie wir ihn anschreien, fertig machen, klein machen. Und ein solcher Weg, dem anderen zu schaden, ist das falsche Zeugnis. Wir erzählen über ihn etwas, was nicht stimmt. Dieser Versuchung erliegen heute viele Menschen. Man braucht nur im Internet nachzulesen, was da an Unwahrheiten über Menschen verbreitet wird, auf die man neidisch oder zornig ist. Evagrius hält in diese Versuchung hinein das Wort aus den Zehn Geboten: „Du sollst kein falsches Zeugnis wider deinen Nächsten geben!" Da ist keine Begründung dafür, dass unser Verhalten nicht gut ist. Es ist die klare Weisung Gottes, die wir uns vor Augen halten sollen. Dann wird unsere Tendenz, dem anderen durch ein falsches Zeugnis zu schaden, entmachtet.

„Das weiß doch jeder, dass der den Job nur bekommen hat, weil ein Freund von ihm den Chef kennt."

ANTIRRHETIKOS 5,4
Gegen einen Gedanken, der aus einer Verleumdung entsteht und den Zorn gegen einen Bruder erweckt und zum Zorn reizt:

Du sollst kein leeres Gerücht aufnehmen.
EXODUS 23,1

Oft hören wir, wie jemand etwas über den Nachbarn oder über den Mitarbeitern erzählt. In uns regt sich der Zorn. Wie kann der nur so sein, wie kann der sich so verhalten? Das ist doch unmöglich. Es ist ein schlechter Mensch, der unsere Verachtung verdient hat. Wir sind allzu leicht in Gefahr, den Worten über die anderen Menschen zu glauben und diese Menschen zu verurteilen und voller Zorn gegen sie zu schimpfen. In diese Versuchung sollen wir das Verbot hineinhalten: „Du sollst kein leeres Gerücht aufnehmen." Indem wir uns dieses Verbot vor Augen halten, könnten sich unsere Augen langsam öffnen. Und wir könnten erkennen, dass die Wirklichkeit nicht unbedingt den Worten der Verleumder entspricht. Wir werden wach und bekommen den Mut, den anderen mit unseren eigenen Augen anzuschauen und nicht mit den Augen des Verleumders.

„Meine Mutter ist an allem schuld! Wenn sie mich wirklich geliebt hätte, dann könnte ich heute glücklich sein!“

ANTIRRHETIKOS 5,21

Zur Seele, die auf dem Wege des alten Grolls geht und durch Gedanken den Verstand wegzerrt, sodass der Verstand mit Zorn erfüllt wird; und wenn auch dieser Gedanke der Leidenschaft abgenommen hat und einige Zeit vergangen ist, die Vorstellung eines Wortes oder einer vergangenen Angelegenheit übrig bleibt, die den Verstand vernebeln und beeindrucken:

Auf den Wegen der Gerechtigkeit findet man das Leben, die Wege der Grollenden aber führen zum Tod.

SPRÜCHE 12,28

Der Groll zerrt den Verstand weg. Wenn wir uns vom Groll beherrschen lassen, dann hat der Verstand keine Chance mehr, dann können wir nicht mehr klar denken. Alles ist nur noch vom Groll geprägt. Die Mönche kennen den Groll, der sie auch bis in ihre Einsamkeit hinein verfolgt. Dort haben sie wenig Gelegenheit, auf Menschen zornig zu werden. Da taucht dann der alte Groll auf. Und sie wissen: Überall, wo du bist, nimmst du dich selbst mit, auch mit deinem tief in dir sitzenden Groll. Wenn das Gefühl abnimmt, so bleiben doch noch Worte, an die ich mich erinnere. Und sobald das Wort in mir auftaucht, mit dem jemand mich verletzt hat, wird der Groll in mir wieder wach und vernebelt meinen Verstand. In dem Wort aus dem Buch der Sprüche zeigt uns Evagrius auf, dass der Weg der Grollenden zum Tod führt. Die Konsequenzen des Grolls, die uns der Vers vor Augen führt, möchten uns einladen, den Weg der Gerechtigkeit zu gehen, der zum Leben führt.

Wenn getroffene Hunde laut bellen

ANTIRRHETIKOS 5,23

Gegen den Gedanken des Zorns, der uns hindert, denen, die uns begründet tadeln, in Sanftmut zu antworten:

Zorn richtet auch die Verständigen zugrunde, eine demütige Antwort aber wendet den Zorn ab; ein kränkendes Wort aber weckt Zornesausbrüche. Die Zunge der Weisen ist fähig zum Guten, der Mund der Unvernünftigen aber wird Schlechtes berichten.

SPRÜCHE 15,1f.

Ein Freund macht uns auf ein Fehlverhalten aufmerksam. Er möchte uns helfen. Doch wir werden wütend. Unsere Wut zeigt die Wahrheit des Sprichwortes, dass nur getroffene Hunde bellen. Weil uns der Freund an einer schwachen Stelle getroffen hat, die wir vor uns selber nicht zugeben, weil sie uns ärgert, weil wir da über uns selbst zornig ist, deshalb fangen wir an zu bellen. Wir lenken ab von unserer eigenen Schwachstelle. Das Weisheitswort aus dem Buch der Sprüche zeigt uns die Folgen des Zorns. Da wird selbst der Freund, der uns voller Verständnis auf unsere Schwachstellen aufmerksam gemacht hat, von unserem Zorn mitgerissen. Und die Freundschaft droht zu zerbrechen. Wenn wir dagegen demütig antworten, dann wird der eigene Zorn abgewendet. Und die Freundschaft wird vertieft.

„Ich wünschte, er wäre tot!“

ANTIRRHETIKOS 5,37
Gegen Gedanken, die uns reizen, unsere Feinde zu hassen und zu verfluchen:

Ich aber sage euch: Liebt eure Feinde und betet für eure Verfolger, damit ihr Söhne eures Vaters im Himmel werdet; denn er lässt seine Sonne aufgehen über Bösen und Guten und lässt regnen über Gerechte und Ungerechte.
MATTHÄUS 5,44f.

Wenn wir uns über einen Menschen ärgern, dann tauchen in uns manchmal Fluchworte auf. Wir wünschen dem anderen den Tod. Oder wir wünschen ihm, dass es ihm mal so richtig schlecht geht. Er soll darunter leiden, dass wir ihn links liegen lassen. Manchmal erschrecken wir vor den Todeswünschen gegenüber Menschen. Dann versuchen wir sie zu unterdrücken. Aber es gelingt nicht. Wir sollen in diese Fluchworte und Todeswünsche hinein das Wort Jesu aus der Bergpredigt halten. Es lädt uns ein, für unsere Feinde und Verfolger zu beten. Und wenn wir für sie beten, können wir sie mit anderen Augen sehen; dann sind wir auch fähig, sie zu lieben. Jesus verweist uns auf die Sonne, die über Bösen und Guten aufgeht. Wenn wir den Feind weiterhin hassen, wird die Sonne auch über uns untergehen und kein Regen unser Land benetzen.

„Immer vergisst du alles. Immer muss ich an alles denken“

ANTIRRHETIKOS 5,38
Gegen den Gedanken des Zorns, dem die Reue des Bruders nicht genügt, sondern der sich wiederum umwendet und sich gegen ihn erbittert:

Wenn dein Bruder gefehlt hat, tadle ihn; und wenn er bereut, vergib ihm; und wenn er siebenmal am Tag sich gegen dich verfehlt und sich siebenmal an dich wendet mit den Worten: Ich bereue es, dann sollst du ihm vergeben.
LUKAS 17,3f.

Häufig genügt uns die Reue des anderen nicht. Wir sind so verletzt und erzürnt, dass der andere sich tausendmal entschuldigen kann. Doch wir sind immer noch nicht zufrieden. Wir lassen ihn mit seiner Reue stehen und zeigen ihm durch unsere Abwendung unseren Zorn. Wir wollen ihn leiden sehen. Die Mönche waren sich selbst gegenüber sehr ehrlich. Sie spürten diese Tendenz in sich, dem anderen eine Verletzung heimzuzahlen, indem wir seine Reue nicht akzeptieren und ihn zwingen, sich immer noch kleiner zu machen, bis er vor uns im Bußgewand herumläuft. Das ist unsere Form der Rache. Evagrius verweist uns auf das Gebot Jesu: Selbst wenn der Bruder sich siebenmal gegen mich verfehlt, soll ich ihm vergeben, wenn er es bereut. Im Griechischen steht hier: Ich denke um, ich kehre um. Ich sehe es ein. Der andere muss sich nicht klein machen. Die Einsicht in das Fehlverhalten genügt, dass ich ihm vergeben soll.

„Das werde ich ihm nie verzeihen! Dafür gibt es keine Entschuldigung!“

ANTIRRHETIKOS 5,49

Gegen Gedanken des Zorns, die nicht zulassen, dass wir uns mit unseren Brüdern aussöhnen, indem sie hinreichende Gründe uns vor Augen stellen; das sind Schande, Furcht und Lobpreisung; angeblich damit derjenige nicht wieder in diese ersten Fehltritte zurückfalle, der einen Fehltritt begangen hat; es ist das aber ein Zeichen für die Boshaftigkeit des Dämons, der den Sinn nicht frei von Groll sein lassen will:

Zürnt, aber sündigt nicht; die Sonne soll nicht untergehen über eurem Zorn, und gebt dem Teufel keinen Raum!

EPHESER 4,26f.

In diesem Wort beschreibt Evagrius eine Technik der Dämonen, die wir heute Rationalisierung nennen. Der Verstand findet alle möglichen Gründe, etwas nicht zu tun. Er merkt gar nicht, wie er der inneren Stimme, die ihn zum rechten Tun antreibt, entgegenhandelt. Häufig fühlen sich solche Menschen in einem Zwiespalt, der sie nicht wirklich glücklich macht. Instinktiv spüren sie, was sie tun müssten, aber davon halten sie alle möglichen herbeigezogenen Gründe ab. Evagrius löst diesen Zwiespalt auf, indem er schlicht eine Norm aufstellt, um die sich der Mönch nicht drücken kann: »Die Sonne soll nicht untergehen über eurem Zorn.« Dieses Wort des Apostels hat für Evagrius eine Autorität, die nicht mit Vernunftgründen aufzulösen ist, und so hilft diese Autorität, das raffinierte Spiel der Rationalisierung zu durchschauen und zu überwinden.

Woran man religiöse Fanatiker erkennen kann

ANTIRRHETIKOS 5,64

Gegen den Gedanken, der behauptet, er liebe Gott, der aber durch seinen Hass gegen den Bruder die erste Liebe leugnet:

Wenn jemand sagt: Ich liebe Gott, seinen Bruder aber hasst, ist er ein Lügner; denn wer seinen Bruder nicht liebt, den er sieht, kann Gott nicht lieben, den er nicht sieht.

1 JOHANNES 4,20

In der geistlichen Begleitung erzählen manche davon, wie sehr sie Gott lieben. Nur mit den Menschen hätten sie Probleme. Die seien alle so böse. Die würden ihnen das Leben schwer machen. Mit ihnen kämen sie nicht zurecht. Manchmal frage ich mich dann, ob die Menschen wirklich so schlimm sind oder ob die Erzähler ihre Mitmenschen nur so negativ sehen. Und diese negative Sicht, dass ich in ihnen nur das Schlechte erkenne, ist eine Weise des Hasses. Ich lehne letztlich die anderen ab, weil sie unerträglich und unmöglich sind. Diese Leute würden weit von sich weisen, dass sie die anderen hassen. Hinter ihrer Begründung, wie schlecht die anderen sind, versteckt sich aber ihr Hass. Dagegen hält Evagrius das Wort aus dem 1. Johannesbrief, das so einen Menschen als Lügner entlarvt. Es ist ein hartes Wort. Aber manchmal braucht es solche Worte, um die innere Lüge aufzudecken, die sich hinter vielen Gründen verbirgt.

„Es ist Trägheit, was uns an peinliche Zustände kettet.“

NOVALIS

UNLUST

„Mir reicht das, was ich bin und habe. Sollen sich andere anstrengen, ich komm auch so durchs Leben.“

ANTIRRHETIKOS 6,3

Zur Seele, die sich dem Gedanken der Unlust hingibt und erwartet, ohne Ausdauer mit Früchten der Erkenntnis der Wahrheit erfüllt zu werden:

Haltet durch und bringt die Früchte dieses Landes!

NUMERI 13,20

Unter frommen Menschen treffe ich häufig solche, die meinen, es genüge, Zeit für sich zu haben. Sie verwechseln Gebet mit „Zeit für mich haben“. Sie merken gar nicht, wie sie narzisstisch um sich selbst kreisen. Und sie meinen, in diesem Kreisen um sich selbst würden ihnen dann schon spirituelle Erfahrungen zufliegen. Gegen solche kraftlose Spiritualität setzt Evagrius das Wort vom Durchhalten. Nur wer durchhält und den Acker seines Lebens unter Mühen bebaut, wird die Früchte ernten; nur der wird mit den Früchten der Erkenntnis der Wahrheit erfüllt werden.

Wenn das Glas wieder mal halb leer statt halb voll ist

ANTIRRHETIKOS 6,13

Gegen den Gedanken des Murrens, der aus der Unlust entsteht und der auch das Lobpreisen zu verschweigen wagt:

Den Herrn will ich preisen zu jeder Zeit;
stets sei sein Lob in meinem Munde.

PSALM 34,2

Wer zu nichts Lust hat, der meckert an allem herum. Nichts ist gut genug für ihn. Die Unlust zeigt sich in der Unfähigkeit, sich auf den Augenblick einzulassen. Man hat zu nichts Lust, weder zur Arbeit (die ist zu anstrengend), noch zum Gebet (das ist zu langweilig), ja, nicht einmal zum Nichtstun. Wenn nichts los ist, ist man auch unzufrieden. Diese Unlust verschließt einen gegenüber Gott. Man nimmt überhaupt nicht wahr, was Gott einem geschenkt hat. Evagrius gibt sich nicht damit zufrieden, dem anderen Gründe aufzuzeigen, warum er dankbar sein könnte. Er weiß, dass jeder Grund nur einen Gegengrund hervorruft: „Aber das ist auch nicht schön in meinem Leben. Damit kann ich nicht zufrieden sein." Gegen solches Murren hilft nur die Aufforderung, den Herrn zu jeder Zeit zu preisen. Sinclair Lewis meinte einmal: Der Snob nörgelt an allem herum. Loben ist nichts anderes als hörbar gewordene Gesundheit.

Wenn niemand außer mir selbst Mitleid mit mir hat

ANTIRRHETIKOS 6,14

Zur Seele, die in der Unlust Gedanken aufkommen lässt, die ihre Hoffnung zerstören dadurch, dass sie ihr aufzeigen, dass der Lebenswandel des Mönchsstandes zu schwierig sei und kaum einer seine Einrichtung ertrage:

Hoffe auf den Herrn und übe Rechtschaffenheit, bewohne das Land und ernähre dich von seinem Reichtum!

PSALM 37,3

Die Klage, dass das Leben zu schwer für einen sei, hört man heute nur allzu oft. Evagrius tröstet hier nicht, sondern fordert, man solle sich auf den Herrn verlassen und tun, was recht ist. Dieser Satz, immer wieder mit erregtem Herzen vorgebracht, soll den Menschen vor allem Selbstmitleid bewahren und ihn aus dem „Sich-selbst-Bedauern" herausführen in ein Tun und in ein Vertrauen, das sich mit starkem Herzen auf den Herrn verlässt. Es ist keine billige Technik, kein psychologischer Trick, sondern es ist ein Ernstnehmen eines biblischen Wortes, des Wortes Gottes, in dem Gott selbst die Richtigkeit der Verheißung garantiert. Im autogenen Training werden heute auch immer wieder Vertrauenssätze empfohlen, die dann, wenn man sie verinnerlicht hat, auch zu einem gewissen Vertrauen führen. Bei Evagrius wird über die menschliche Dimension hinaus ein Wort Gottes zur Wiederholung empfohlen. Und von seiner göttlichen Kraft erhofft der Beter Heilung. Denn im Wort wirkt Gott selbst als unser Arzt.

Beim sehnsüchtigen Betrachten von Reiseprospekten

ANTIRRHETIKOS 6,15
Zur unglücklichen Seele, die voll Unlust ist und andere Orte für sich auswählt, um dort zu wohnen:

Harre auf den Herrn und achte auf seinen Weg, und er wird dich erhöhen, das Land zu erben; du wirst sehen, wie die Sünder vernichtet werden.
PSALM 37,34

Eine Weise der Unlust besteht darin, dass man nie mit dem Ort zufrieden ist, an dem man wohnt. Der Heimatort ist zu eng. Wenn man wegen der Arbeit sich eine andere Stadt gesucht hat, ist man in kurzer Zeit wieder unzufrieden. Die Stadt ist langweilig und laut und ohne Kultur. Die Menschen sind unfreundlich. Die Nachbarn nerven einen. Der eine Nachbar schaut einen nicht an, die andere Nachbarin redet ständig. Man denkt daran, woanders hinzuziehen. Man sieht sich andere Wohnungen an. Aber an jeder hat man etwas auszusetzen. Auch da gibt es böse Nachbarn. Oder aber man ist zu einsam und bekommt nachts Angst. Es gibt offensichtlich keinen Ort, an dem man sich wirklich wohlfühlt. In solche Unzufriedenheit hinein spreche ich einfach das Wort: „Harre auf den Herrn und achte auf seinen Weg." Statt auf die Umgebung zu achten, die mich nervt, soll ich auf den Herrn achten und ausharren, wo ich bin. Dann werde ich das Land erben. Dann wird mein Herz weit werden und dankbar und froh.

„Was soll ich mir ein Bein ausreißen? Die guten Jobs bekommen immer nur die anderen!“

ANTIRRHETIKOS 6,23

Zum Herrn wegen der Gedanken der Unlust, die in mir aufkommen, dass einer unserer Brüder oder einer unserer Verwandten es zu höchster Ehre und Autorität gebracht hat und jetzt ein machtvoller Mann ist:

Es ist gut für mich, am Herrn festzuhalten und meine Hoffnung in den Herrn zu setzen.

PSALM 73,28

Unlust ist oft mit Neid verbunden. Wenn ich auf Schulkameraden schaue, die aus ihrem Leben etwas gemacht und es beruflich weit gebracht haben, dann werde ich nicht nur neidisch. Ich bedaure auch mich selbst. In mir kommt dann Unlust auf. Mein Leben schmeckt mir nicht. Die anderen haben es alle besser, nur mit mir hat es Gott nicht gut gemeint. Er hat mir nicht die Chance geschenkt, eine gute Stellung zu bekommen. Mich sieht ja keiner. Ich bin doch genauso gut wie dieser bekannte Mann oder diese von allen Zeitungen gerühmte Frau. Die Welt ist so ungerecht. Keiner sieht mich. So lebe ich traurig dahin. Gegen solche tristen Gedanken hilft kein Sich-Vergleichen, sondern nur das Wort, das mein Jammern entlarvt: „Es ist gut für mich, am Herrn festzuhalten und meine Hoffnung auf den Herrn zu setzen.“ Hoffnung ist etwas anderes als die Erwartung, genauso bekannt zu sein wie dieser Verwandte. Hoffnung hält mich lebendig. Ich hoffe auf das, was Gott mir jeden Augenblick neu schenkt.

„Ich kann jetzt nicht alleine sein. Ich brauche dringend jemanden, dem ich erzählen kann, wie schlecht es mir geht!“

ANTIRRHETIKOS 6,24

Gegen den Gedanken, der uns zur Zeit der Unlust reizt, zu unseren Brüdern zu gehen, da wir doch von ihnen getröstet würden:

Es gibt niemand, der meine Seele trösten würde; ich dachte an Gott und wurde verwirrt; ich betrieb leeres Geschwätz, und mein Geist wurde kleinmütig.

PSALM 77,3f.

Hier wird keine Lösung des unangenehmen Zustandes der Unlust (akedia) vorgeschlagen, sondern der Mensch wird dazu angespornt, diesen Zustand auszuhalten, vor ihm nicht davonzulaufen, darin eine Erfahrung Gottes zu sehen. Indem er diese Erfahrung in den Psalmen wiederfindet, verliert seine eigene Situation das Unheimliche und Beängstigende. Etwas Bekanntes ist nicht mehr so gefährlich. Es kann in Gemeinschaft mit den Betern der Psalmen leichter durchgestanden werden. Der Mönch fühlt sich dann nicht allein in seinem Kampf, sondern in Gemeinschaft mit den Verfassern der Psalmen und mit all den anderen Menschen, von denen er weiß, dass sie diesen Psalm immer wieder beten. Das Vorbild der Frommen aus dem Alten Testament und die Gemeinschaft mit all denen, die diesen Vorbildern folgen, gibt dem Einzelnen Kraft, seine Situation zu bestehen. Er fühlt sich eingebunden in eine große Gemeinschaft von Menschen, die ähnliche Erfahrungen machen wie er und von denen er weiß, dass sie kämpfend durchgehalten haben oder am Durchhalten sind.

Bei akuten Anfällen von Arbeits-Unlust

ANTIRRHETIKOS 6,28

Gegen den Gedanken der Unlust, der das Werk seiner Hände wegwirft und den Körper in Schläfrigkeit an die Mauer lehnt:

Wie lange, du Saumseliger, bist du untätig? Wann wirst du aus dem Schlaf erwachen? Eine Weile schlummerst du, eine Weile bist du untätig, eine kurze Zeit aber bist du schläfrig, eine Weile aber nimmst du deine Brust mit den Händen in die Arme; und dann kommt dir wie ein böser Wanderer die Armut über den Hals und die Not wie ein guter Läufer.

SPRÜCHE 6,9ff.

Eine Frau will in die Arbeit fahren. Doch das Auto springt nicht an. Sie ärgert sich, hat den Eindruck, dass heute alles schiefläuft. Sie geht zurück ins Haus und spürt ein Kratzen im Hals. Ja, sie hat ja Halsweh. Ein guter Grund, in der Arbeit abzusagen. Sie spürt Widerstand gegen die Arbeit. Sie bedauert sich selbst, dass sie so viel arbeiten muss. Die anderen Kollegen machen viel eher frei, wenn es ihnen nicht gut geht. Warum soll sie sich das nicht auch mal gönnen? Wir finden viele Gründe, nicht in die Arbeit zu gehen. Der Körper zeigt immer irgendwelche Symptome, die wir als Unwohlsein deuten könnten. Wenn wir keine Lust haben, dann zeigt uns das auch unser Körper. Und dann haben wir Grund genug, nicht in die Arbeit zu gehen. In solche Überlegungen, die das Nichtstun rechtfertigen, setzt das Buch das Sprüche die Frage: „Wann wirst du aus dem Schlaf erwachen?" Wenn wir aufhören zu überlegen, ob wir jetzt zur Arbeit gehen sollen oder nicht, sondern einfach diese Frage stellen, gehen uns die Augen auf. Wir wachen wirklich auf und machen uns auf den Weg. Dann können wir abends wieder zufrieden nach Hause gehen.

„Warum ausgerechnet ich? Warum ist das Schicksal so ungerecht zu mir?“

ANTIRRHETIKOS 6,36
Zur Seele, die wegen einer Krankheit des Körpers Gedanken der Unlust aufkommen lässt:

Den Zorn des Herrn werde ich ertragen, weil ich gegen ihn gesündigt habe, bis er in der Rechtssache mich gerecht sprechen wird; und er wird mein Urteil sprechen und mich herausführen ans Licht, ich werde seine Gerechtigkeit sehen.
MICHA 7,9

Hier wird die Krankheit als Prüfung gedeutet, die mir der Herr zumutet, als Durchgang durch das Dunkel, hinein in das Licht. Oft verwirren uns Widerfahrnisse wie Krankheit und Unglück deshalb so stark, weil sie ohne Deutung bleiben. Sie sind dunkel, unverständlich, undurchschaubar und lassen uns daher im Dunkeln. Die Sinnlosigkeit der Ereignisse verdunkelt uns den Sinn unseres Lebens, raubt uns die innere Spannkraft und stürzt uns in die acedia, in die Lustlosigkeit, die Depression. Die Deutung einer Krankheit durch das Wort Gottes gibt uns die Kraft, die Krankheit durchzustehen und daran zu reifen. Wir gewinnen dann durch die Krankheit an innerer Kraft, anstatt uns jede Spannkraft rauben zu lassen. Die Deutung der Widerfahrnisse ist jedoch eine sehr subtile Sache. Allzu leicht können wir hier auch falsche Deutungen geben. Dann schadet uns so ein Ereignis noch mehr. Es gibt Menschen, die in einem Unglück Gottes Strafgericht sehen und sich dann für verdammt halten. Auch sie deuten das Unglück, aber sie sind blind, sie deuten es nicht im Blick auf Gottes Wort, sondern ziehen Gottes Worte nur zur Bestätigung ihrer eigenen Ängste oder ihrer eigenen wirren Gedanken heran. Und dann können selbst Gottes Worte Schaden stiften.

„Jeder Mensch besitzt
gerade so viel Eitelkeit,
wie ihm an Verstand
und Urteilskraft fehlt.“

JONATHAN SWIFT

RUHMSUCHT

„Ich bin der Einzige in diesem Laden, der wirklich gute Ideen hat. Und das sehen die anderen auch so."

ANTIRRHETIKOS 7,6

Gegen den Gedanken der eitlen Ruhmsucht wie: Du bist angesehen inmitten aller deiner Brüder:

Ich bin ein Mann von niedrigem Stand und ohne Ansehen.

I SAMUEL 18,23

Wer Erfolg hat, dem steigt der Erfolg oft in den Kopf. Er stellt sich über die anderen. Er sonnt sich in seinen Erfolgen. Er denkt ständig darüber nach, was die anderen wohl über ihn denken, wie sehr sie seine Arbeit loben, wie sehr sie von seinen Gedanken fasziniert sind. Er stellt sich vor, dass er auf der Bühne steht und alle ihn beklatschen. Doch dabei übersieht er seine eigene Menschlichkeit. In solche Phantasievorstellungen der eigenen Größe hält Evagrius den Satz, den David den Dienern Sauls erwiderte: „Ich bin ein Mann von niedrigem Stand und ohne Ansehen." Nur wer den Mut hat, seine eigene Durchschnittlichkeit und seine Schwachheit anzunehmen, wird wahre Größe erlangen. Wer sich sein eigenes Podest zimmert, um sich über andere zu überheben, wird schnell herunterfallen. Dann wird er schmerzlich mit seiner eigenen Niedrigkeit konfrontiert. Dann bekommt er wieder den Bodenkontakt, den er in seiner Ruhmsucht zu verlieren drohte.

„Mit denen möchte ich nichts mehr zu tun haben. Die sind einfach nicht mehr mein Niveau."

ANTIRRHETIKOS 7,11

Gegen den Gedanken der eitlen Ruhmsucht,
der mir den harten Rat vor Augen stellt,
mich von der Gemeinschaft zurückzuziehen
und mich wegen der Brüder einzuschließen, und
der glaubt, dass er mich in die Irre führt:

Hochmütige verbargen vor mir ihre Netze und spannten Stricke, Netze für meine Füße, eine Falle im Weg legten sie mir.

PSALM 140,6

Manch einer, der etwas geleistet hat, meint, er sei nun etwas Besseres als die anderen. Die anderen sind für sein Niveau zu niedrig. So verschließt er sich in seine eigene Größe. Er möchte mit den anderen nichts zu tun haben. Er hat den Eindruck, die haben ihm nichts zu sagen, er könne mit ihnen nicht über wirklich bedeutende Dinge sprechen. So schließt er sich in sich selbst ein und merkt gar nicht, wie er sich damit isoliert und das Gegenteil von dem erreicht, was er gerne möchte: bewundert werden. In solche Gedanken hinein sollen wir den Psalmvers sprechen: „Hochmütige verbargen vor mir ihre Netze." Wer sich in seinen Hochmut verstrickt, jammert über seine Einsamkeit. Keiner reicht ihm das Wasser. C.G. Jung meinte einmal zu so einem Menschen, der in seiner Umgebung niemanden fand, mit dem er sich wirklich austauschen konnte: „Sind Sie bescheiden genug, sind Sie niemals einsam."

„Ich halte mich da raus. Eigentlich geht es mich ja auch gar nichts an, warum die streiten und sich prügeln …“

ANTIRRHETIKOS 7,21

Gegen den Gedanken der eitlen Ruhmsucht, der uns zwingt, zu einer Zeit, da es sich nicht ziemt, zu reden; der uns aber rät zu schweigen, wann wir reden müssen:

Es gibt eine Zeit zu schweigen und eine Zeit zu reden.

KOHELET 3,7

Es gibt beide Typen. Die einen, die ständig reden. Sie achten in einer Talkshow darauf, dass sie die meiste Redezeit bekommen. Sie fallen den anderen ständig ins Wort, um ihre eigene Wichtigkeit zu betonen. Mit ihrem ständigen Reden üben sie Macht aus. Die anderen üben Macht durch Schweigen aus. Sie schweigen, wenn sie eigentlich reden sollten. Wenn sie gefragt werden, hüllen sie sich in ein geheimnisvolles Schweigen und gehen ihren Mitmenschen damit auf die Nerven. Sie vermitteln ihnen, dass sie sich auf solche banalen Fragen nicht einlassen, dass sie etwas Höheres sind. Beide Typen sollten sich das Wort des Weisheitslehrers Kohelet vorsagen: „Es gibt eine Zeit zu schweigen und eine Zeit zu reden." Ich brauche ein Gespür dafür, wann es angemessen ist zu reden und wann Schweigen Gold ist. Es kommt immer auf die Situation an, ob ich reden oder schweigen sollte.

Zum Nachdenken für Menschen, die in der Kirche tätig sind …

ANTIRRHETIKOS 7,29
Gegen den Gedanken der eitlen Ruhmsucht, der es vorzieht, die Brüder in den Geboten Gottes zu unterrichten, statt diese zu erfüllen:

Wer also eines von diesen geringsten Geboten aufhebt und die Menschen so lehrt, wird der Geringste im Himmelreich heißen; wer es aber erfüllt und lehrt, dieser wird groß heißen im Himmelreich.

MATTHÄUS 5,19

Die größten Moralisten waren selten Menschen, die das erfüllt haben, was sie von anderen gefordert haben. Sie haben ihre Angst vor den eigenen Schattenseiten lieber dadurch verborgen, dass sie den anderen ihre Schattenseiten vor Augen hielten. Sie haben gegen das Böse geschimpft, weil sie Angst hatten vor dem Bösen im eigenen Herzen. Sie haben von anderen die Einhaltung der Gebote gefordert, weil sie vor ihrem eigenen inneren Chaos davonlaufen wollten. Doch die Wahrheit holt uns immer ein. Als Prediger sollen wir auch die Gebote Gottes verkünden. Aber wir sollten uns immer das Wort Jesu vor Augen halten, dass nur der groß sein wird, der die Gebote lehrt und zugleich erfüllt. Wenn ich die Gebote zu erfüllen suche, werde ich immer bescheiden von ihrer Einhaltung sprechen und nicht mit einer Drohgebärde und auch nicht mit einem euphorischen Perfektionismus, in dem ich mich über meine eigene Menschlichkeit erhebe.

„Ich habe aber gleich dazugesagt, dass die Spende nur für den Brunnenbau verwendet werden darf…“

ANTIRRHETIKOS 7,30
Gegen den Gedanken der eitlen Ruhmsucht, der an der Gerechtigkeit festhält, das Denken aber verkehrt macht:

Achtet aber darauf, dass ihr eure Gerechtigkeit nicht vor den Menschen tut, um von ihnen gesehen zu werden; anderenfalls erhaltet ihr keinen Lohn bei eurem Vater im Himmel. Wenn du also ein Almosen gibst, so trompete nicht vor dir her, wie es die Heuchler in den Synagogen und auf den Straßen machen, um von den Menschen geehrt zu werden; wahrlich, ich sage euch: sie haben ihren Lohn schon empfangen.
MATTHÄUS 6,1-5

Die Lateiner sagen: „Fiat justitia – pereat mundus.“ Hauptsache, es geschehe Gerechtigkeit, auch wenn die ganze Welt zugrunde geht. Doch so eine Gerechtigkeit verkehrt sich ins Gegenteil. Michael Kohlhaas, der absolute Gerechtigkeit wollte, tat großes Unrecht. Werte machen unser Leben wertvoll. Das gilt auch von der Gerechtigkeit. Sie will uns richtig machen. Aber wenn wir die idealen Werte leben wollen, sind wir immer auch in Gefahr, unsere eigenen Schattenseiten zu überspringen. Wir meinen, wir seien gerecht. Und in Wirklichkeit werden wir den Menschen nicht gerecht, sondern nur unserer eigenen Selbstgerechtigkeit. Unser Kampf für die absolute Gerechtigkeit macht uns blind für die ungerechten Stellen in unserem eigenen Herzen. Die blinden Augen möchte uns das Wort Jesu öffnen, dass uns auf die wahre, innere und stille Gerechtigkeit unseres Herzens hinweist.

Für Diäthalterinnen und -halter

ANTIRRHETIKOS 7,32

Gegen Gedanken der Ruhmsucht, die sich bemühen, durch ein finsteres Gesicht unser Fasten offenkundig zu machen, so dass der Verstand, wenn er von Gedanken der Völlerei losgelöst und befreit ist, noch mehr begehrt und vom Gedanken der Ruhmsucht beherrscht wird; das bewirken aber die unreinen Dämonen, damit der Verstand nicht feststehen und seinen Blick zu Gott erheben kann, wenn er über die Gedanken hinaus erhöht ist:

Wenn ihr aber fastet, macht kein finsteres Gesicht wie die Heuchler; denn sie entstellen ihr Angesicht, um sich den Menschen als Fastende zu zeigen. Wahrlich ich sage euch: sie haben ihren Lohn schon empfangen.

MATTHÄUS 6,16

Es gibt eine schöne Mönchsgeschichte. Da kommt einer, der als großer Faster gilt, zu einem Altvater. Der lässt ihn draußen vor seinem Kellion beten, während er sein bescheidenes Mahl einnimmt. Da wird der große Faster vom Dämon erfasst. Er hält seinen Hunger nicht mehr aus. Er geht zum Altvater hinein und sagt: „Daheim kann ich die ganze Woche fasten. Und hier werde ich fast verrückt vor lauter Hunger." Da erwidert der Altvater: „Daheim nährst du dich von der Bewunderung der Menschen. Geh heim und lebe im rechten Maß." Jede Askese hat immer die Tendenz, zu einem Leistungswettbewerb zu werden, in dem wir uns über die anderen stellen. Doch dann verfälscht die Ruhmsucht das Ziel der Askese. Wir werden nicht frei von unserem Ego, sondern blähen es nur immer mehr auf. In solch asketisches Leistungsdenken hinein sollen wir uns das Wort Jesu vom wahrem Fasten halten, das wir vor den anderen verbergen, weil wir darin für Gott offen werden wollen.

„Ich arbeite mindestens elf Stunden am Tag. Das ist eben so, wenn man seinen Job gut machen will.“

ANTIRRHETIKOS 7,38

Gegen den Gedanken der eitlen Ruhmsucht, der sich seiner Mühen bei der Pflichterfüllung rühmen will:

Wer sich aber rühmt, der rühme sich im Herrn!

2 KORINTHER 10,17

Es ist gut, wenn wir unsere Pflicht erfüllen und unsere Arbeit gut verrichten. Aber Arbeit ist Dienst am anderen. Wenn wir arbeiten, um uns selbst in den Mittelpunkt zu stellen, um den anderen zu beweisen, wie viel wir arbeiten und wie erfolgreich wir sind, dann verfälschen wir den Sinn der Arbeit. Dann dient die Arbeit nicht mehr den Menschen, sondern nur dem eigenen Ego. Das ist aber nicht die Arbeit, die die Mönche als spirituellen Weg verstanden haben. Es ist die Arbeit, die unserem eigenen Ruhm gilt und weder Gott noch den Menschen. Solches Pochen auf unsere Arbeitsleistung verstummt langsam, wenn wir uns das Wort des hl. Paulus vor Augen halten: „Wer sich rühmt, der rühme sich im Herrn.“

„Also, dieses Meditationswochenende hat mich spirituell so viel weiter gebracht!“

ANTIRRHETIKOS 7,41
Gegen den Gedanken der eitlen Ruhmsucht, der uns antreibt, die Gesundheit der Seele oder die Erkenntnis der Wahrheit zu lehren, ohne dass wir sie besitzen:

Werdet nicht in großer Zahl Lehrer, meine Brüder, im Bewusstsein, dass wir ein schwereres Strafgericht erhalten werden. Denn in vielem straucheln wir alle. Wenn einer im Reden keinen Fehltritt begeht, so ist dieser ein vollkommener Mann, fähig, auch seinen ganzen Leib zu zügeln; wenn wir aber den Zaum der Pferde in ihr Maul legen, damit sie uns gehorchen, lenken wir auch ihren ganzen Körper.
JAKOBUS 3,1f.

Es gibt heute so viele Ratgeberbücher. Manche Autoren machen den Eindruck, dass sie den Stein der Weisen gefunden haben. Sie stellen sich als Vorbild hin, wie das Leben gelingen kann. Doch wenn man ihnen dann persönlich begegnet, haben sie eine eher negative Ausstrahlung. Da spürt man, dass sie lieber andere belehren wollen, als in die Lehre der Weisheit, als in die Lehre Jesu zu gehen. Da gibt es auch religiöse Eiferer, die ständig den anderen predigen, wie sie leben sollen und dass Jesus alle ihre Probleme löst. Aber wenn wir sie genauer anschauen, laufen sie mit ihrem Belehren nur vor den eigenen Problemen davon. Denn sie bekommen ihr eigenes Leben nicht in den Griff. Solchen selbst ernannten „Ratgebern" und religiösen Eiferern hält Evagrius die nüchternen Worte des Jakobus entgegen, die uns auf die Gefahr unserer Zunge und auf die Gefahr des ständigen Belehrens verweisen.

„Aller Stolz ist defensiv,
ein Verteidiger
der Stelle, die leer ist.“

KARL LUDWIG VON KNEBEL

STOLZ

Für ehemalige Raucher, die zu militanten Nichtrauchern mutiert sind

ANTIRRHETIKOS 8,2

Gegen den Gedanken des Stolzes, der mich preist und in die Höhe erhebt, als sei ich rein und würde unreine Gedanken nicht mehr aufkommen lassen:

Und Abraham antwortete und sagte:
Jetzt habe ich begonnen, zum Herrn zu reden;
ich aber bin Staub und Asche.

GENESIS 18,27

So viele, die ein Laster aufgegeben haben, meinen, jetzt würden sie ein völlig neues Leben anfangen. Der Raucher glaubt, er habe für immer sein Rauchen aufgegeben, der Alkoholiker, er sei für immer trocken. Der Spätaufsteher bekehrt sich um Frühaufsteher. Doch dann kämpfen die Bekehrten aggressiv gegen andere, die diesen Lastern noch frönen. Ihre Aggressivität gegenüber anderen zeigt, dass sie die Laster nicht wirklich aufgelöst haben. Sie haben sie bekämpft. Aber sie sind noch in ihnen. Und sie können immer wieder aufbrechen. Manch eine Sucht verlagert sich. Und ein überwundener Fehler macht manchmal unempfindlich gegen neu auftretende Fehler. Wir können nicht so leicht die Haut wechseln. Wir vermögen einiges an uns zu verbessern, und manches kann in der Begegnung mit Gott verwandelt werden. Doch wir müssen immer mit Abraham bekennen: Ich habe gerade erst begonnen. Ich bin noch ein Anfänger. Und ich muss immer wissen, dass ich Staub und Asche bin. Es steht mir nicht zu, mich über alle Fehler und Versuchungen zu erheben. Sie werden mich immer wieder heimsuchen.

„Die Alten wussten doch gar nicht, was Stress ist!“

ANTIRRHETIKOS 8,8

Gegen den Gedanken des Stolzes, der uns rät, unsere heiligen Väter zu verachten, da sie ja in ihrem Lebenswandel keine größeren Mühen ertragen hätten als wir:

Vor einem grauen Haupt sollst du aufstehen und einen älteren Mann ehren, und du sollst deinen Gott fürchten; ich bin der Herr, euer Gott.

LEVITIKUS 19,32

Es gibt den neuen Chef in der Firma, der seinen Vorgänger schlecht macht. Es gibt den Bischof, der meint, sein Vorgänger habe seine Diözese verschlampen lassen. Immer wenn ein Nachfolger seinen Vorgänger schlecht machen muss, erniedrigt er sich selbst. Das gilt aber auch für jede Gemeinschaft. Wenn eine Familie die Großeltern schlecht macht, schneidet sie sich von ihren eigenen Wurzeln ab. Wenn eine Klostergemeinschaft die früheren Mönche herabsetzt, sie hätten ein bequemes Leben gehabt, dann verliert die Gemeinschaft heute an Kraft. Wir leben aus den Wurzeln unserer Vorfahren. Wenn wir diese Wurzeln beschmutzen, dann behindern wir die Kraft, die uns aus den Wurzeln zuströmen möchte. Da brauchen wir die Mahnung aus dem Buch Levitikus: „Vor einem grauen Haupt sollst du aufstehen und einen älteren Mann ehren.“ Die Älteren ehren heißt letztlich: seine eigene Herkunft respektieren.

Für Anhänger des amerikanischen Traums: vom Tellerwäscher zum Millionär

ANTIRRHETIKOS 8,25

An den Herrn wegen des Gedankens des Stolzes, der die Hilfe Gottes abstreitet, den Sieg aber der eigenen Kraft zurechnet:

Nicht auf unsere Bogen setzen wir unsere Hoffnung und nicht auf unsere Waffe; denn du wirst uns retten. Du hast uns befreit von denen, die uns hassen, und unsere Feinde hast du beschämt.

PSALM 44,7

Manch einer, der es zu etwas gebracht hat, rechnet es seiner eigenen Klugheit und Tatkraft zu. Er habe sich halt angestrengt und aus seinem Leben etwas gemacht. Er bildet sich etwas darauf ein, dass er Erfolg hatte. Und er stellt sich damit über andere. Gegen solche Gedanken, die wir alle kennen, wenn wir uns mit anderen Menschen vergleichen, setzt Evagrius auf den Psalmvers: „Nicht auf unsere Bogen setzen wir unsere Hoffnung und nicht auf unsere Waffe.“ Unsere Fähigkeiten sind nicht letztlich der Grund, warum unser Leben gelingt. Es hängt immer vom Segen Gottes ab. Und auch unsere Stärken haben wir von Gott erhalten. Nur wenn wir in Dankbarkeit um Gottes Gnade wissen, dürfen wir dankbar auf unsere Erfolge schauen. Wir wissen, dass sie immer Geschenk Gottes sind und nie nur eigenes Verdienst. In der Dankbarkeit dürfen wir auch stolz sein auf das, was wir erreicht haben. Aber wir sollen immer den Geber alles Guten preisen, anstatt uns selbst zu rühmen.

„Was soll der mir schon raten können? Der steckt doch selbst mitten in der Midlife-Crisis!“

ANTIRRHETIKOS 8,33

Gegen den stolzen Gedanken, der mich hindert, die Brüder zu besuchen, da sie ja doch nicht weiter in der Erkenntnis seien als ich:

Verkehre mit den Weisen und du wirst ein Weiser.

SPRÜCHE 13,20

Das Wort der Schrift lässt die Brüder in einem anderen Licht erscheinen und entlarvt mein Urteil über sie als überheblich und stolz. Hier wird allerdings deutlich, wie ein und derselbe Gedanke von einem Dämon oder von einem Engel eingegeben sein kann.

Beim Laster der Unlust soll der Mönch der Versuchung widerstehen, die Brüder zu besuchen. Wenn er sich hier vorsagen würde, er könne doch von den Brüdern viel lernen, so wären das Scheingründe, denen er nicht folgen dürfte. Beim Stolz jedoch rät Evagrius, zu den Brüdern zu gehen, um von ihnen zu lernen. Daheim bleiben und zu meinen, man käme mit sich und seinen Problemen allein zurecht, wäre Stolz. Es ist also immer genau zu unterscheiden, woher die einzelnen Gedanken kommen. Der Gedanke an sich kann gut oder schlecht sein, von einem Dämon oder einem Engel eingegeben. Woher ein Gedanke kommt, kann man am der inneren Ruhe oder Unruhe erkennen. Die Gedanken der Dämonen bewirken im Menschen immer Unruhe und Verwirrung, während die Gedanken eines Engels immer Ruhe, Freude und Friede im Inneren verbreiten.

„Also, mit deiner Eifersucht, da hast du ein echtes Problem. Wir haben ja nur geredet, und deiner Frau geht's wirklich nicht gut, die brauchte jemanden, dem sie das erzählen kann."

ANTIRRHETIKOS 8,38
Gegen die stolzen Gedanken, die mir die Sünden der Brüder aufzeigt:

Auf alles Gerede, das man redet, gib nicht acht, um nicht zu hören, wie dein Knecht über dich schimpft.
PREDIGER 7,21

Hier wird eine Versuchung angesprochen, die sich auch oft den Schein des Guten gibt. Man ist besorgt um das Heil der Brüder. In seiner tiefen Menschenkenntnis weiß man um ihre Fehler. Man meint, die innersten Motive des anderen zu erkennen, sein tiefstes Problem entdeckt zu haben. Man spricht darüber in einem Ton der Besorgnis, ohne zu merken, dass das eigene Motiv nicht die Sorge und Solidarität zum Bruder ist. Denn dann würde man seine Sünden schweigend zudecken oder sie mittragen. So aber spricht man aus einer Sucht, im Dunkeln zu wühlen. Man ist sich gar nicht bewusst, dass es letztlich das eigene Dunkel ist, das noch nicht erkannt und noch nicht angenommen ist, in dem man wühlt. Es ist immer leichter, es in den anderen hineinzuprojizieren, als es in sich zu entdecken. Davon hält einen der Stolz ab. Das Wort aus dem Prediger, das Evagrius dieser Versuchung gegenüber empfiehlt, deckt die Projektion auf: Man soll auf solches Gerede nicht hören, denn sonst müsste man auch hören, wie der Knecht über einen selbst schimpft und auf einmal würde man darauf stoßen, dass die anderen das Gleiche von mir sagen, dass der Schmutz, den ich aufgewühlt habe, auf mich zurückfällt und die anderen hellsichtiger macht für mein eigenes Dunkel.

Wenn neue Besen allzu gut kehren

ANTIRRHETIKOS 8,52

Gegen den stolzen Gedanken, der sich selbst für gerecht erachtet, an dem aber, was von den Brüdern in Schwachheit geschaffen wurde, kein Wohlgefallen hat:

Denn jeder, der sich selbst erhöht, wird erniedrigt werden, und wer sich selbst erniedrigt, wird erhöht werden.

LUKAS 14,11

Der Trainer, der seinen Vorgänger als Niete bezeichnet, wird sehr schnell erfahren, dass der neue Besen vielleicht kurze Zeit besser kehrt, sich aber bald genauso abstumpft wie der Besen des Vorgängers. Wer in der Firma alle anderen als minderbemittelt bezeichnet und meint, wenn er komme, werde alles besser, wird bald schon erfahren, wie er ohne die Mitarbeiter nichts Wertvolles aufbauen kann. Wenn ich die anderen entwerte, um mich selbst aufzuwerten, kann ich von ihnen auch nichts Wertvolles erwarten. Mit meiner Überheblichkeit werde ich sehr schnell auf die Nase fallen und spüren, dass jeder Versuch, es besser zu machen als meine Vorgänger, an seine Grenzen stößt. Ich soll meine Arbeit und meine Führungsaufgabe so gut wie möglich machen. Und ich soll Gott um seinen Segen bitten. Aber ich soll mich nie über andere stellen. Sonst wird mich das Schicksal des entlassenen Vorgängers bald selbst ereilen. Dann werde ich die Schuld bei der Mannschaft suchen, aber nicht bei mir. Doch ein Trainer, der seine Vorgänger nicht bewertet und nicht auf sie schimpft, wird aus der gleichen Mannschaft etwas anderes formen, weil er sich auf diese konkreten Spieler einlässt und nicht um seine eigene Größe kreist.

„Guck dir diesen Fettsack an! Solche Menschen haben einfach keine Selbstbeherrschung!“

ANTIRRHETIKOS 8,54
Gegen den stolzen Gedanken, der den, der isst, richtet, da er ja nicht fähig sei, über seine Seele zu siegen:

Wer aber nicht isst, soll den, der isst, nicht richten.
RÖMER 14,3B

Hermann Hesse sagt einmal: „Was nicht in uns ist, das regt uns auch nicht auf.“ Wenn ich mich über den aufrege, der so viel isst, und mich über ihn erhebe; wenn ich allen erzählen muss, wie unbeherrscht dieser Mensch ist, dann spreche ich letztlich über mich und meine eigene Unbeherrschtheit. Vielleicht vermag ich mich im Essen zu beherrschen. Aber ganz bestimmt gibt es in mir andere Bereiche, in denen ich mich nicht im Griff habe, in denen ich selbst beherrscht werde von meinen Bedürfnissen, von meiner Eitelkeit, meiner Ruhmsucht. Schon der hl. Benedikt hat erkannt, dass es in seiner Gemeinschaft Leute gibt, die in ihrer Askese weiter sind, die sich aber deshalb auch rühmen. Darum rät er: „Wer wenig braucht, danke Gott und sei nicht traurig.“ (RB 34,3) Er vergleiche sich nicht mit den anderen und stelle sich nicht über die anderen. Er soll vielmehr Gott danken, dass er weniger braucht. Evagrius rät einem, der sich ständig über die aufregt, die zu viel essen, und der sie genau beobachtet: „Wer aber nicht isst, soll den, der isst, nicht richten.“ Er soll sich allen Wertens und Urteilens und Richtens enthalten. Nur so findet er inneren Frieden.

„Seit ich jeden Morgen meditiere, bin ich total in meiner Mitte angekommen. Die Welt ist mir einfach gleichgültig geworden."

ANTIRRHETIKOS 8,55

Gegen den stolzen Gedanken, der mich preist, ich würde wegen des Gebets nicht nur nicht vom Bauch geknechtet werden, sondern auch über den Zorn die Oberhand gewinnen:

Durch die Gnade Gottes aber bin ich, was ich bin, und seine Gnade für mich ist nicht unwirksam gewesen, sondern ich habe mich mehr als alle abgemüht, nicht aber ich, sondern die Gnade Gottes mit mir.

1 KORINTHER 15,10

Sobald man im geistlichen Leben etwas vorangekommen ist, meint man, man sei über alle irdischen Bedürfnisse schon erhaben. Essen sei kein Problem mehr, aber auch Ärger oder Zorn habe man weit hinter sich gelassen. Wer sich dessen rühmt, der wird sicher irgendwann von einer Fressattacke heimgesucht. Und wenn ihn jemand scharf kritisiert, wird sich zeigen, ob er wirklich seinen Zorn überwunden hat. Wir sollen uns nie rühmen, etwas erreicht zu haben. So schnell kann uns das, von dem wir glauben, es überwunden zu haben, wieder einholen. Wir sollen dankbar wahrnehmen, wenn das Essen gerade kein Problem ist und wir in uns momentan keinen Zorn spüren. Aber wir sollten immer mit dem hl. Paulus wissen, dass alles, was wir erreicht haben, durch Gottes Gnade geschehen ist. Und auf diese Gnade sind wir immer angewiesen. Sobald wir alles Erreichte uns selbst zuschreiben, werden wir erfahren, dass alles wieder zusammenbrechen kann, wenn wir uns nicht der Gnade Gottes anvertrauen, sondern nur auf die eigene Kraft vertrauen.

2. Auflage 2013

Die Texte des Evagrius Ponticus sind entnommen aus:
E. Ponticus: Die große Widerrede, Münsterschwarzach 2010

Lektorat: Marlene Fritsch
Umschlaggestaltung: Finken & Bumiller, Stuttgart
Druck und Bindung: Friedrich Pustet KG, Regensburg

ISBN (Vier-Türme-Verlag): 978-3-89680-821-9
www.vier-tuerme-verlag.de

ISBN (kbw): 978-3-460-32127-4
www.bibelwerk.de